憲法問題 [35]

全国憲法研究会 編　　2024

【特集】変動する国際社会と憲法

日本評論社

代表挨拶

　全国憲法研究会は、「憲法を研究する専門家の集団」としては、現代日本における最大規模の学会です。1965年４月25日、東京大学本郷キャンパス内にあった学士会分館で発足し、いよいよ還暦も間近になりました。略称は「全国憲」。初代事務局責任者の故・針生誠吉教授から伺ったところでは、ゼンケンケンでは phonetic によろしくないというのが、その理由であったようです。

　全国憲発足当時、戦前から活躍する宮沢俊義・清宮四郎ら長老教授は、他分野の著名な知識人たちとともに「憲法問題研究会」を結成し、毎年５月３日に行われる憲法記念講演会や、岩波新書や雑誌『世界』での執筆活動を通じて、社会的発言を行っておられました。他方で、「憲法理論研究会」（初代代表・鈴木安蔵）も、若手研究者を集めて、すでに先鋭的な活動を開始していました。そうしたなか、全国憲は、学徒出陣の世代を中心とする40代以下の研究者たちが、「学友たちの死の意味を、ぜったいに不毛に終らせてはならぬ、という決意」という共通基盤の存在を背景として、政治的立場を超えて結集したところに特徴がありました（和田英夫「全国憲法研究会の発足」1965年５月３日朝日新聞夕刊）。

　主任教授クラスの研究者が集まったこの学会の強みは、「相当あつみのあるシムポジウムを行なう能力」にあったといえるでしょう（針生誠吉「全国憲法研究会の発足」法律時報37巻７号58頁）。それが発揮されるのが、年２回、春と秋に行われている研究集会です。呼びかけ人のひとり高柳信一は、「会員の憲法問題に対する具体的態度はきわめて多彩である」けれども、「多彩な立場の研究者の共同研究であってこそ意義が大きい」、と指摘しています（高柳信一「憲法学者の使命と責任」世界1965年７月号）。

　他方で、全国憲の「全国」という形容には、各地に散在する憲法研究者たちの思いを「全国的に一本に結集して、学者のまとまった集団的発言として、社会的にも影響力のあるものとすることができるよう」にしたいという企図が、含まれており（「仮称『全国憲法研究会』発足の呼びかけ」法律時報37巻６号65頁）、全国憲は、日韓基本条約批准をめぐる衆院本会議での強行採決への抗議声明を皮切りに、節目節目で社会的発言を行ってまいりまし

た。これが、現在では――カンパを原資に学会とは別会計で行われている――憲法問題特別委員会による公開シンポジウムという形で、継続されています。

　さらに、主力会員の物故を理由に解散を決めた「憲法問題研究会」から、大切な５月３日の「憲法記念講演会」を正式に託されて、爾来1977年から今日に至るまで――直前に発生したコロナ禍で中止を余儀なくされた2020年を除き――毎年欠かさずに開催してまいりました。これは、数ある憲法集会のなかから、学問的な憲法論議を聴くために当会を選び、わざわざ足を運んでくださる市民のみなさまの、熱いご支持の賜物です。この伝統ある講演会の主催者であることが、いまや全国憲のアイデンティティになっている、といっても過言ではないでしょう。

　創設60年の節目に代表の大役を拝命した私といたしましては、まずもって、コロナ禍で喪われた会員間の直接的な意見交換の場を再構築すべく、「全国」からご参集いただける魅力ある研究集会を実施することが、なにより重要な任務であると自覚しております。発足したばかりの「全国憲法研究会研究奨励賞」の価値も、それでこそ高まるものと思われます。そうして、立憲主義のフォーラムとしての全国憲を未来に向けて育ててゆくことが、ひいては、日本における「憲法政治」への寄与にもつながるに違いありません。

　関係各位のみなさまのご協力を、切にお願い申し上げる次第です。

憲法問題35【特集】変動する国際社会と憲法

目　次

2023年度年間テーマ

「変動する国際社会と憲法」

【企画趣旨】

　「グローバル化」という言葉は日本語としてもすっかり定着した感がある。暗黙に想定されているのは、「右肩上がり」に世界大での〈人・モノ・カネ〉をめぐる動きが前進するという現象ではなかっただろうか。しかし〈人・モノ・カネ〉の相互依存関係は、近年とくに変化が著しく、断片化・ローカル化・多元化が急であり、なかには国際的秩序の統合的構想とは逆のベクトルを向いているような現象も見出せる。

　アメリカや中国といった大国をめぐる国際力学やその影響の下での経済的連関関係が構造的に変質しつつある。そのようななか2022年2月に始まったロシアのウクライナ侵攻は、武力行使が原則として違法化された後の国際法秩序に動揺を与えた。また世界大に広がったコロナ禍と「ポスト・コロナ」の見通しは、国家・国際的機関・企業・NGOs・国際的イニシアティブ等の動きや戦略に小さくないインパクトを及ぼしている。世界大で強く認識されるようになったサスティナビリティの観念により、人々の忠誠の対象は一層拡大しており、市民が複数のグローバルな集団のステークホルダーとなることも珍しくはなくなっている。

　個々の市民に直接に影響を与える規範についていえば、国際的公序の形成は、これまでと比べてもより一層、各国国内法の手を離れつつある。規範の創出・改変は国際機関のみならず非国家主体によっても活発になされ、国際水準として維持されているのであって、人権保障は、裁判的救済局面のみならず、政治部門を含めた統治機構論としても再定位し続ける必要がある。

　グローバル化の変調は、もはや旧来の主権国家の枠組みへの単純な回帰を意味するものではないだろう。仮にこのような動きが強まるとして、我が国の憲法秩序に影響を与えるのか、あるいは与えないのか。このような視点から国際社会の変動を認識・分析することは、一定の意義を有しよう。

第 1 部

総　論

2023年 5 月13日
ハイフレックス方式（開催校：中京大学）

多元化するグローバル法秩序と憲法・立憲主義

山田哲史 （京都大学）

1．はじめに

　本稿の元をなしている報告が行われた、春季研究集会では、「変動する国際社会と憲法」という年間テーマのうち、総論を扱うものとされ、筆者に課せられた役割は、立憲主義を題材に、総論的な報告の中でも、さらにその総論と位置付けられるものを示すことであり、グローバル立憲主義については、これを扱ってほしいというものであった。

　もっとも、議論の先取りを含むが、筆者自身は、グローバル立憲主義論について、批判的、あるいは、懐疑的な見方を持っているほか、今年度の企画趣旨に照らすと、グローバル立憲主義は、「右肩上がり」のグローバル化像に根ざした考え方のように見受けられる。本稿では、むしろ、企画趣旨と同様に、断片化、ローカル化、多元化の現象群としてグローバル化を理解した上で、グローバル化の下で、憲法、さらには、法というものがどのように把握され、機能するのか、すべきなのかに関する見解を取り上げ、その一つとしてのグローバル立憲主義論にも言及する形を取りたい。

　また、企画趣旨によれば、日本国憲法の側から、多元化・多層化として認識されるグローバル化をいかに受け止めるのかという点についても、春季研究集会における検討対象とされていた。この点に関連して、総論の総論と位置付けられる本稿では、基本的には、グローバル化の現状と、グローバルレベルでの現状の受け止めを、憲法や立憲主義といった観点から見ていくことに集中したいが、それでは、企画趣旨に応えていないという批判もありうるところかと思われる。そこで、本稿を締めくくるに当たって、日本国憲法において想定される立憲主義のイメージへの変容を迫るものであるかという点を中心に、日本国憲法の側でどのように受け止めることになるのかにといった点についても言及しておきたい。

2．多元化するグローバルな法秩序

　ここでは、手始めに、現在のグローバルな法秩序がいかに多元化してい

るか[1]を見ておくこととしよう。この点について、国際機構として、国際連合のように、管轄事項についても、加盟国の広がりについても、普遍的な組織はむしろ稀であり、国家が主たる構成主体となっている、古典的な国際機構に限定しても、例えば、経済・通商分野であれば WTO、保健分野であれば WHO というように、加盟国自体は全世界に広がるという意味において、普遍的な国際組織、あるいは条約体制[2]が、問題領域毎に並立している。さらに、加盟国の地理的広がりは世界的であっても、対象が問題領域毎に別れているものに加えて、規律対象は一般的であるが、地理的には限定される、EU のような存在も見受けられるほか、地域的人権条約のように、分野と地理的範囲の双方で限定がかかったもの、「先進国」かどうかという切り口で分けられる OECD のような組織も存在する。これらに加えて、地理的範囲は各国の領域に限定されつつ、理念型としては、その範囲内では管轄事項が一般性を有する主権国家の法秩序が200ほど並存しているわけである。

　その他には、企画趣旨でも触れられているように、公私協働あるいは公私の区別が曖昧な仕組みもますます多く見られるようになっており、比較的古いものであれば、インターネットのドメイン名の割り振りなどを規律する ICANN[3]のような組織があるほか、最近のものでは、各国と製薬会社の協力のもと、新型コロナウイルスワクチンの供給に関して設けられた COVAX ファシリティ[4]はグローバルな公私協働の具体例である。

　そして、グローバルに展開するとともに、言論、労働、物流などのあり方を大きく規定しうるプラットフォーム企業に代表されるような多国籍企業も、影響力の大きさのみならず、国家や国際組織の統治機構に類する組織構造も持つようになってきており、ある種の法秩序、あるいは、法秩序に準ずるものとして理解される余地が出てきている[5]。

3．問題の所在——多元化の何が問題か

　先に見た、グローバルに展開される組織ないし秩序——便宜的に以下ではこれをレジームと呼ぶこととする——がいずれも法体系を構成すると理解するかどうかは異論もあるところだが、その点についてはひとまず措くとしても、これらのレジームは複雑に関係しあっており、網の目状に絡み合っているため、それぞれのレジームの規範が相互に抵触することは避けられない。そして、抵触について上位から規律する法秩序あるいは組織は存在していないのが現状であり、抵触の調整が大きな問題となってくる。

　なお、世界のほぼ全ての国家が加盟しており、規律内容も一般性・普遍性を有し、国連憲章上、他の条約への優先が謳われる、国連法秩序を他の法秩序を上位から統制する法秩序と理解し、国連憲章を世界憲法に見立てる構想も、冷戦終結期には有力に論じられた。しかし、今般のロシアのウクライナ侵攻を見るまでもなく、このような構想は少なくとも現実には適合しておらず、いくつかの国際的判断でも、否定的な立場が示されるなど、現在では基本的に支持を失っている[6]。

4．法秩序が多元であることの意義

　先に、様々なレジームを法体系と理解すべきかどうかについては議論の余地があることに言及したが、現在の法哲学界では、グローバルに展開される非国家法も含む多元的な法秩序の存在を認める法多元主義の見方が有力化している[7]。近時の法哲学界で議論される法多元主義論の詳細については、立ち入る時間や能力もないが、ここでは、現代における法多元主義の特徴を、国際法・国内法の関係性をめぐる、伝統的な一元論、二元論の議論との対比において整理し、本稿の切り口も明確にしておきたい。

　今言及した、現代の法多元主義は、法秩序が多様であり、多元的、多層的な構造を有することを認めつつ、それでもなお、いずれも「法」として把握される何らかの共通性を有することは否定せず、その共通要素を追求するところに特徴を見出すことができる[8]。さらに、この見解は、現実問題として生じる、多様な法秩序相互の抵触の処理をいかに図るかにも検討を及ぼしている。そうすると、二元論と言いつつも、各国の国内法がそれぞれ独立・並存していることを前提としており、本来多元論と呼ぶのが正しい二元論に、多元性という意味では類似する性格を有しつつも、法という概念で統一的に把握することを追求し、法秩序相互の関係性に関心を寄せるという意味で、むしろ、古典的な一元論[9]に親和的な面も有しているのが現代的な法多元主義であるといえる。そして、本稿で紹介する見解は、基本的には、このような特徴を持つ、法多元主義の立場を前提とし、抵触問題のほか、法として理解されるために要求される、性質・内容をめぐって、展開される議論としての側面も有している。

5．法多元主義とグローバルな公法構想

　それでは、法多元主義的な立場を前提としつつ、法ないし、より狭く公法が備えるべき内容をめぐる議論について、順に見ていくこととしよう。

(1)　グローバル立憲主義

　ここでまず紹介の対象となるのが、冒頭でも少し言及した、グローバル立憲主義論である。すでに、横大道聡[10]らが指摘しているように、グローバル立憲主義として括られる議論にも多種多様なものがあることに留意する必要があるが、一般的な性格として、実体的な価値にも踏み込む、「濃い」内容を要求するのが、グローバル立憲主義論の特徴である。「濃い」内容の要求は、理想的かつ野心的な立場ということもでき、こういった見解を積極的に提示するパッションが研究者には要求されるのかもしれないが、グローバルに要求される共通要素の内容をあまりに濃厚にしてしまうと、西欧的な価値観の押しつけになってしまう危険や、非西欧諸国の反発や離脱を誘発する危険が否めない。例えば、極端な例として、グローバル立憲主義論の代表的論者の1人である、Anne Peters は、動物の権利もグローバル立憲主義の要求内容として盛り込んでいる[11]が、ここまで、先端的で争いのありうる内容をグローバルに求めるのは困難であるとの思いを禁じ得ない。

　また、人権の普遍性というものを根拠に、人権保障をグローバルな統一的調整論理に位置付けたり、グローバルな人権保障とグローバル立憲主義をイコールで結んだりする議論[12]も見受けられるが、西欧型の憲法秩序においても、個別の人権、あるいは、基本権のうち、いずれに重点を置くのかという点について、国家ごと、あるいは地域的な差異があることは、今さら筆者が指摘するまでもないところである。そうすると、人権の普遍性という非常に抽象的なレベルでの議論を根拠に、グローバルな統一的価値として、その実、特定の人権構想をベースに、構想を展開する危険には敏感であるべきであろう。

　なお、国際法システムが一部で、裁判所、あるいはそれに類似する機構を備え、司法的な紛争解決や権利保障、執行の確保がなされるようになったことを以って、法形成のアクターの法による制限、統制がなされるという点に、権力の制限という面で、立憲主義との共通点を見出し、国際法が立憲化しているという議論が、国際法学者を中心に説かれ、これをグローバル立憲主義と互換的に用いる傾向も一部にある[13]。しかし、これは立憲化というよりは法化とでも呼ぶべき現象であると思われる面があるほか、司法的な統制や執行の確保は、国際法一般に生じているのではなく、個別のレジームごとに生じているのであって、むしろ、断片化、多元化の現象と見るべきところも否めない。その意味では、少なくとも、本報告の関心

からは、グローバル立憲主義とは区別しておくべき議論と考えられる。

(2) グローバル行政法論

　実体的な価値にまで踏み込んで法ないし公法としての要件を設定するの
が、グローバル立憲主義論であるのに対し、手続保障の面に限定するのが、
グローバル行政法論[14]である。また、この議論については、レジーム相互
の抵触問題についても、手続保障として確保される、参加手続が他のレ
ジームからの意見表明等の機会となり、レジーム間の交渉チャンネルとし
て機能する可能性も指摘されている[15]。

　このグローバル行政法論は、21世紀初頭に、アメリカとイタリアを中心
に提唱され始めた議論であり、ニューディール後、1946年の連邦行政手続
法制定を嚆矢として、手続保障に傾斜していったアメリカ行政法の影響を
強く受けたことが、「行政法」という名前がついた背景ともなっている。
手続的保障というものは一般的に、さまざまな価値構想の最大公約数的要
求として、特定の価値にコミットすることなく要求しやすいということは
よく言われることはいえ、手続保障の要求自体も、やはり一定の価値判断
を背景としていることは否定できず、なぜ、手続保障が要求されるのか、
一般レベルでも、個別具体的な手続のレベルでも、その根拠は本来問われ
るべきであろう。ところが、グローバル行政法論は、この点について必ず
しも応答していないということが指摘されている[16]。

　この点に関して、グローバル行政法論の代表的論者である Kingsbury は、
Fuller にいわゆる、法の内在的道徳論に依拠して、法たるに値するための
最低限の要求として、手続保障が導かれるという説明を試みている[17]。た
だし、それでも、手続を通じて、アカウンタビリティが要求される範囲を
いかに特定するかという点については、十分に示されてはいないように思
われるところである。

(3) 補論——国際公権力論

　妥当範囲は限定されたものではありながらも、手続的なアカウンタビリ
ティ要求に根拠を与えようとする試みとして整理可能なのが、ここで紹介
する国際公権力論である。国内法の文脈においても、公権力行使の把握を
伝統的なそれから拡大しようという議論が展開されてきたところであるが、
ここで紹介する国際公権力論は、今指摘したような国内における公権力行
使概念の拡大の議論を、ソフト・ローの発展などが注目される国際法の分

野で展開し、従来、国内公法が培ってきた規律手法を応用して統制する対象となるものの特定方法や、規律手法を応用しようという議論である[18]。この議論は、グローバル化時代において法や公法をいかに把握するかという「大きな」議論や、レジーム間の抵触問題とは一線を画し、あくまで、従来の公法的統制が応用可能な、国際条約やそこから派生したソフト・ローなどに基礎付けられる行為の範囲の画定を目指すものとなっている[19]。それゆえに、射程の限定された議論とはなっているが、手続的なものを中心とした規律や、正統化が要求される範囲を画定しようという視点にかける傾向にある、グローバル行政法論を補完するものとして、理解することができ、またそのような性格上、ここでは補論的に触れた次第である。

(4)　レジーム憲法論

　本稿が最後に紹介するのは、Teubner のレジーム憲法論[20]である。この議論は、最近、大藤紀子による優れた翻訳[21]が刊行されたことにより、我が国でもアプローチが容易になったことに加えて、西土彰一郎による、反対説についても解説・検討を加えた、優れた分析[22]が夙に示されているところであり、以下の説明が蛇足となるので止まるのであればともかく、これらの先行研究の見通しを悪くしてしまうことを危惧するところではあるが、ここでは、あえて蛮勇を奮うこととしたい。

　Teubner は、グローバル化以前から、国内レベルでも、様々な社会にはそれぞれの形成にあたっての物語と、その規律能力に制限をかける、構造が存在しており、憲法、すなわち、constitution/Verfassung は、近代主権国家とのみ結び付けられるものではないという理解をしており、このような constitution/Verfassung を持つ、レジームの出現と活動はグローバル化に伴って、ますます拡大していると主張する[23]。

　法社会学と民法学を専門とする Teubner は、グローバル化時代において、「公」法をいかに把握するのかというような発想を、元々は持っていなかったと思われ、この点に関連して、グローバル立憲主義の代表的論者である、Kumm から、自由や平等という近代立憲主義が重要視してきた基本的価値へのコミットに欠けるという批判を受けている[24]。もっとも、constitution/Verfassung を持つレジームたるに値する条件として、一定の権力創出と統制のシステムを具備することを要求し、レジーム内部の民主政[25]や基本権[26]の問題にも言及するようになっており、もちろん、西土が指摘する[27]ように、それがそもそものTeubner の発想の出発点と両立

するものであるかは問われるべきではあるが、公法モデルにかなりの程度接近したものとなっているように見受けられるところである。

それでは、Teubner による法体系あるいはレジームの把握の議論に続き、彼が、抵触問題についてどのような構想を持っているかを見ておくことにしよう。この点について、Teubner は、外国法との抵触関係の処理や外国法の適用のあり方について各国に規律を与える法が原則的には存在せず、それでも、私法の統一、国際的調和を理想とし、各国がその理想への適合性を判断していく、国際私法の発想が参照されるべきだとしている[28]。つまり、法秩序、あるいは、レジームが多元化していることを前提に、抵触を上位から調整する原理もないことを認めた上で、トランスナショナルな公序の存在を仮想して、各レジームが独自に調和的な解決を追求すべきだというのである[29]。

なお、トランスナショナルな公序が実在するとも、その創出に努めなくてはいけないとも、Teubner は主張していないことには、留意しておく必要がある。もっとも、それではなぜ調和的な解決を追求しなくてはならないのかということが問題となる。これは、調和的解決を規範的に要求されるというよりは、そういった調和が避けられないという意味に理解すべきであり、まさにそこに、外部とのカップリングにより、あるシステムの新陳代謝が生じるというシステム理論の真骨頂が見出せるということなのかもしれない。このように、現実的必要性に裏付けられた調整の可能性の要求として Teubner の議論を理解した場合、Krisch[30]や、我が国で彼の議論を積極的に援用する国際法学者の加藤陽[31]が採用している、断片化した法秩序相互の調整枠組を法的に想定するのは不可能であり、現実的必要性の下で、政治的な妥協によって処理されるほかないという、ラディカル多元主義との親和性を見出せる。

また、逆に、やはり Teubner も結局、事実上の必要性と言って誤魔化してはいるものの、何か普遍的な価値を見出していると見ざるを得ないと考えるのであれば、現実的必要性による根拠づけを試みるラディカル多元主義も、少なくとも、調和的解決がされるべしという規範的要請をはじめとして、一定の法的・規範的要請を含んだ議論であると理解する余地も出てくるように思われる。

6. 議論の整理と若干の評価

ここまでは、グローバル化というものが、断片化、ローカル化、多元化

といった性格を帯びたものとなっているという、企画趣旨の提示した認識を共有して、そのような中で、多元化した法秩序を、法という概念で括ることが可能であるか、また逆に、このような時代状況において、法として把握されるための要素は何かを検討してきた。そして、多義的でありながら、一定の強い磁場を持った憲法、立憲主義という概念(32)、この概念を用いて、法として把握されるために要求される内容を濃密なものとすることで、この問いに答えようとするグローバル立憲主義の考え方には、一定の危険があるということを指摘した。

　この議論に関連して、グローバル立憲主義論を巡っては、世界的にも、国内憲法学界と国際法学界の間で、この概念を認めるべきかどうか対立があることが、すでに横大道などによって指摘されている(33)。この対立は、国民国家の形成に至るナラティブとそこで創出された権力を制限し、さらには人類に普遍的に認められる権利を保障するという、近代国民国家と結びついた憲法・立憲主義へのアフェクションと、時には法としての性格までも否定されてきた国際法においても、権力制限の制度化が進んでいることや、普遍的価値のグローバルな追求の動きを強調したい、そのために、ある種インパクトのある憲法や立憲主義という言葉を用いたいという、また別の立憲主義へのアフェクションという、二つの異なる立憲主義へのアフェクションのせめぎ合いであるように、筆者の目には映る。もし、このような見立てが正しいのであれば、この対立は、結局、憲法・立憲主義という言葉に、どれだけ強い、そしてどのような内容の意義や思い入れを持たせているかという論者それぞれの心持ちに依存し、冷めた言い方をすれば、言葉の定義次第であるし、他方で、そうであるが故に逆説的に、容易には解消され得ない対立であるともいえるだろう。

　なお、グローバル化時代における憲法・立憲主義に触れる議論のうち、レジーム憲法論は、憲法を国家から解放するものであり、憲法という言葉は用いるが、憲法概念を換骨奪胎し、ある種希釈してしまう議論であった。このような換骨奪胎された憲法・立憲主義が、断片化、ローカル化、多元化として理解されるグローバル化の時代における、あるべき憲法・立憲主義だと理解する途も採りうるが、それを受け入れられるかどうかも、どのような立憲主義理解に対して、どれほどのアフェクションを有するか次第というところもあろう。

　関連して、グローバルな規模で普遍的な実体的価値に多くを盛り込みすぎる、すなわち、普遍性を強調することは、最近のロシアや中国の動きに

とどまらず、東欧諸国でのポピュリズムと結びついた権威主義の台頭による、立憲主義のグローバル化に対する揺り戻しという現実との矛盾に加えて、規範的な意味でも多様性を隠蔽・否定し、近代立憲主義が最も重視する価値とも抵触しかねない難点がある。その一方、あまりに多様性を強調しすぎても、現状追認以上のものとはならず、極端な場合、それぞれの国家の伝統に根ざした人権概念があるなどという、特定の勢力の主張とも変わらないことになりかねず、一定の普遍的で規範的な要求を追求する法というものをめぐるスタンスとしても適切なのかという疑問も生じてくる。そうすると、ありきたりな逃げ口上になってしまうが、結局は、グローバル化自体にも内包された、普遍性と多様性という両義的状況の中で、絶妙なバランスをとっていくしかないように思われる。

　その意味では、手続要求自体に隠された実体的要求を自覚し、その正統化を怠らないことは必要となってくるが、手続的要請を法として把握されるにあたり要求される内容とみる考え方は、一つのバランスの取り方として追求していく方向性ではないかと、筆者は暫定的に考えているところである。

7. おわりに――日本国憲法下の立憲主義への波及

　最後に、ここまで見てきたような、多元化・多層化として把握されるグローバル化や、それを受けたグローバルなレベルでの立憲主義等の理解が、日本国憲法下における立憲主義の捉え方に与える影響について触れておきたい。

　占領法制、ある種の条約として性格付ける余地すらありうる日本国憲法は、そうであるからこそ、良くも悪くも、当時としては、時代の先端をいく国際社会への「開かれ方」をしている憲法と位置付けらうる一方、それでも、20世紀半ばという時代の産物である以上、今日のような意味でのグローバル化の進展は想定しきれていないものでもある。それゆえ、あくまで国民国家を前提とした憲法であることを強調し、国民国家のナラティブとしての憲法、立憲主義へのコミットメントを重視すべきだとすることも許されれば、日本国憲法が普遍的価値へのコミットメントを繰り返す点を捉えて、グローバルに共有されるべき普遍的価値へのコミットメントの必要性、あるいは、そのような価値への従属性を日本国憲法から見出すことも不可能ではないだろう。もちろん、これら二つの極端な捉え方は、国民国家のナラティブとしての立憲主義理解がグローバルな普遍的価値である

と理解される場合を除いて、緊張関係を生むものであって、第二次大戦直後は、そこが一致すると考えることができる、あるいは、少なくともその可能性に賭ける余地が残されていた時代であったとする可能性はある一方で、少なくとも現状に鑑みれば、そのような調和を見出すのは難しいだろう。したがって、ここでもやはり、両極の間でバランスを探っていくこととなるのである[34]。

　そうすると、本稿が紹介してきた諸理解は、日本国憲法下でも、このバランスの取り方に関する、諸構想として取り込むことが可能であると言って良いだろう。それぞれの理解に合わせて、日本国憲法下の各公権力がどのような位置に置かれるかを、ここで個別に見ていくことは適わないが、一例として、レジーム憲法論に立脚した場合の展開をごく簡単に素描しておくことにしよう。この場合、一レジームとして位置付けられる日本国憲法体制の中で、日本国憲法によって権限が根拠づけられ、枠づけられもする日本の公権力は、国際協調主義という当該憲法の基本決定も踏まえ、——本当にそのようなものがあるかはともかくとして、——最大限、日本国憲法の立ち位置から、普遍的・統一的価値があること、そしてその内容を想定して、自身が憲法上与えられた権限が許す範囲内で[35]抵触調整をすることとなる。また、この場合、普遍的・統一的価値の内容として「濃い」実体的要求を盛り込むことも、排除はされないであろうし、他方で、筆者のように、手続的要請に落とし所を見出そうとすれば、普遍的・統一的価値の内容として手続要請を盛り込むことも不可能ではないだろう。

※本稿は、2023年5月13日に行われた、春季研究集会に報告原稿を元に、文体を改め、注を付したほか、当日の質疑を踏まえて、最低限の補足を加えたものである。また、JSPS科研費19H00568の助成を受けて行った研究の成果の一部である。

(1)　なお、企画趣旨が現代的現象として位置付ける、法秩序の多元化、断片化という現象は、遅くとも今世紀初頭には認識されていたものであり（例えば、2006年の国連国際法委員会における報告書として、M. Koskenniemi, *Fragmentation of International Law: Difficulties Arising from the Diversification and Expansion of International Law*, U.N. Doc A/CN.4/L.682（Apr.13 2006）を参照）、筆者は、必ずしも最近の現象であるという理解をしてはいない。

(2)　筆者は、国連を舞台に作成、採択に至った国際人権諸条約の体制も、ここに位置付けうると考えるが、グローバル立憲主義の論者を中心に、人権の普遍性という内容面での普遍性から、分野を横断した包括的な法秩序であり、まさに、国内における憲法に擬えられるような存在であると考える論者もいるところである。

(3)　See e.g. M. Hartwig, *ICANN – Governance by Technical Necessity*, in THE EXERCISE OF INTERNATIONAL PUBLIC AUTHORITY BY THE INTERNATIONAL INSTITUTIONS

575（A.v. Bogdandy et al, eds., 2010）。なお、この論文の公表後、2016年にドメイン名の管理やIPアドレスの分配等に関する、アメリカ政府によるICANNへの監督権限が放棄されており（参照、https://www.nic.ad.jp/ja/governance/iana.html）、ますます、私的性格は強まっている。

（4）　See e.g. A. v. Bogdandy & P.D. Villarreal, *The Role of International Law in Vaccinating Against COVID-19: Appraising the COVAX Initiative*, 81 HEIDELBERG J. INT'L L. 89 (2021). 併せて参照、濱本正太郎「国際法から見た公私パートナーシップ」笠木映里ほか編『新型コロナウイルスと法学』（日本評論社、2022年）99頁以下［初出、2021年］。

（5）　A.J. Golia, *Beyond Oversight: Advancing Societal Constitutionalism in the Age of Surveillance Capitalism*, 2021. Available at SSRN: https://ssrn.com/abstract=3793219. デジタル・プラットフォームを近代主権国家（リヴァイアサン）と対置される、ヒビモスと位置付け、「デジタル立憲主義」など、中世立憲主義とも近代立憲主義とも異なる立憲主義を発展させていくべきことを主張する、山本龍彦「近代主権国家とデジタル・プラットフォーム」山元一編『憲法の基礎理論』（信山社、2022年）147頁以下も参照。

（6）　国連憲章等を世界憲法（加藤の用語法では、国際憲法）とする見解も含めて、加藤陽『多元主義の国際法』（信山社、2022年）第3章105頁以下。

（7）　浅野有紀「〔発題〕『法多元主義──グローバル化の中の法』提題趣旨」法哲学年報2018（2019年）1-3頁、同『法多元主義』（弘文堂、2018年）など。

（8）　近藤圭介「グローバルな公共空間の法哲学」論究ジュリスト23号（2017年）37頁参照。

（9）　H. Kelsen, Reine Rechtslehre, 1. Aufl., 1934, S.138f.［ケルゼン（横田喜三郎訳）『純粋法学』（岩波書店、1935年）211-213頁］; ders, Reine Rechtslehre, 2. Aufl., 1960, S.330ff.［ハンス・ケルゼン（長尾龍一訳）『純粋法学（第2版）』（岩波書店、2014年）315-317頁］.

（10）　横大道聡「グローバル立憲主義？」同ほか編『グローバル化のなかで考える憲法』（弘文堂、2021年）6頁。

（11）　See e.g. A. Peters, *Toward International Animal Rights, in* STUDIES IN GLOBAL ANIMAL LAW 109 (A. Peters, ed., 2020)［ただし、Peters自身、現状として動物の権利の承認は進んでいないことは認めている］.

（12）　例えば、寺谷広司「グローバル化時代における法の把握」論究ジュリスト23号（2017年）33-34頁などを参照。

（13）　例えば、伊藤一頼「国際経済秩序の転換と立憲主義」寺谷広司編『国際法の現在』（日本評論社、2020年）350頁以下。

（14）　邦語では、興津征雄「グローバル行政法とアカウンタビリティ」浅野有紀ほか編『グローバル化と公法・私法関係の再編』（弘文堂、2015年）47頁以下などを参照。

（15）　伊藤一頼「国際法と立憲主義」森肇志・岩月直樹編『サブテクスト国際法』（日本評論社、2020年）350頁以下。

（16）　興津・前掲注（14）60頁参照。

（17）　B. Kingsbury, *The Concept of 'Law' in Global Administrative Law*, 20 EURO J. INT'L. 23, 30ff. (2009).

（18）　*M. Goldmann*, Internationale öffentliche Gewalt: Handlungsformen internationaler Institutionen im Zeitalter der Globalisierung, 2015.

(19)　Ebd., S.383.

(20)　*G. Teubner*, Verfassungsfragmente: Gesellschaftlicher Konstitutionalismus in der Globalisierung, 2012

(21)　グンター・トイプナー（大藤紀子訳）『憲法のフラグメント』（信山社、2022年）。

(22)　西土彰一郎「トランスナショナル憲法の可能性」浦部法穂先生古稀記念『憲法理論とその展開』（信山社、2017年）111頁以下。

(23)　Teubner（Anm. 20), S.18ff..

(24)　M. Kumm, *The Cosmopolitan Turn in Constitutionalism: An Integrated Conception of Public Law*, 20 IND. J. GLOBAL STUD. 605, 609-610 Fn.10（2013).

(25)　*G. Teubner*, Quod omnes tangit: Transnationale Verfassungen ohne Demokratie?, Der Staat 57, 2018, S.6.

(26)　Teubner（Anm. 20), S.189ff..

(27)　西土・前掲注（22）125頁。

(28)　*Teubner*（Anm. 20), S.229ff..

(29)　*Teubner*, ebd., S.235f..

(30)　N. KRISCH, BEYOND CONSTITUTIONALISM: THE PLURALIST STRUCTURE OF POSTNATIONAL LAW 23-26（2010)［書籍の全体構造を明らかにする部分であり、主張が端的にまとめられている］.

(31)　総括部分として、加藤・前掲注（6）365頁以下。

(32)　日本における立憲主義理解に関しては、栗島智明「現代日本型立憲主義論に関する一考察」山元一編『憲法の基礎理論』（信山社、2022年）59頁以下という、興味深い論稿が公表されている。

(33)　横大道・前掲注（10）13-14頁。

(34)　学界の現状として、史実も踏まえながら、どのような見立てが展開されているかとその分析については、研究集会当日の質問において教示を受けた。

(35)　このように書くと、研究集会における質問のように、グローバルな規律の参照や取り込みを防ぐべく、日本国憲法が制限を課すものであるとの主張を含んでいると理解する向きもあるかもしれないが、これは、例えば、日本の裁判所がその権限を行使できるのは、日本の憲法体制の下で特定の権限を与えられたからであり、自ずから、その範囲内で権限行使ができるにとどまるという限界を持つということを言いたいに過ぎない——なお、このような趣旨については、筆者と基本的な視座を異にする、山元一にも共有されているようである（参照、山元一『国境を越える憲法理論』〔日本評論社、2023年〕315頁）。したがって、例えば、日本国憲法が日本の公権力に、国際社会との対話を義務付け、最大限、国際社会の要求に従うことを要求していると解釈できるのであれば、むしろ、そのような義務づけが、日本国憲法体制で権限を与えられた裁判所の権限行使を規定することになるのであって、少なくとも、素描を行ったに過ぎない本稿は、このような理解の余地を排除してはいない。

（やまだ・さとし）

日本憲法秩序と人権条約

——〈人権条約の法〉への呼応という憲法戦略に向けて

小 畑 郁 （名古屋大学）

1．はじめに

筆者は、人権条約の国家法との関係という問題について、もともと国際法学の立場からアプローチしてきた[1]。その際にも、日本の憲法学における議論は意識してきたが、分野を跨いで十分に議論してきたとはいえない。日本の学界で構造化されている国内公法学と国際公法学との分断状況の下では、人権条約それ自体は国際法学の対象であるが、その日本憲法秩序での位置付けは憲法学の課題とされていた。筆者は、この学界の構造的分断状況こそ、本稿のテーマを取り扱うことに対する重大な障害であり、克服すべきものと考える。本稿は、その意味でより明確に「道場破り」の試みという性格を帯びているし、問題の性質上、それは不可避であると考える。

もっとも、現状においては、この問題に関する国際法学と憲法学との間のギャップは大きく、それを乗り越えるためには、相当な努力が必要である。本稿では、まず、戦後日本の法実務において、強固に受け継がれてきた一つの法意識を、「固定観念」として排斥しておきたい。つまり、国際法と国家法は、それぞれの妥当領域において棲み分けられているという観念である。この「固定観念」の「色眼鏡」を外せば、〈人権条約の法〉が国際関係と国内関係を跨いで運動するダイナミズムがより鮮明に見えてくる。こうした前提の上に、次に、人権条約の日本における実施のための制度と機能を、その実態に即して批判的に分析する。結論先取り的に述べておけば、日本の人権条約の実施についての貧困ともいえる実態を乗り越えて、人権条約の「誠実な遵守」をもたらすためには、〈人権条約の法〉に対して、日本国家・日本社会から積極的に呼応していく憲法戦略が、是非とも必要である。

2. 〈人権条約の法〉とその国内的妥当

(1)　国内的妥当をめぐる「同床異夢」

　かなり前になるが、憲法研究者との対話の機会に、筆者は、人権条約を仮に規範 α と規範 β と名付けた二つの規範からなる二重規範と捉えて、議論を展開した[2]。規範 α とは、国家が条約当事国として当事国間で拘束されているものであり、規範 β とは、国内的に妥当するように期待されているものである。これに対して、規範 α から規範 β を都合よく導き出しすぎである、という反応があった。後で述べる棟居快行の「人権条約＝客観法」説は、規範 β を「無理なく」導き出そうとする「工夫」という面がある[3]。

　しかし、筆者の見解では、そうした「工夫」はそもそも不要である。〈人権条約の法〉は、それ自体直接に国内の関係に呼びかけているのである。すなわち、この〈法〉には、規範 α と β は双方とも元々含まれている、より正確には、規範 β、つまり国内における政府と個人の関係あるいは個人間の関係を規律しようとする規範が本体で、規範 α はその実現という目標に仕える手段規範である。

　もっとも、規範 α から β を「導き出す」という手法をとらなければならない、さらに、そのために一定の工夫が必要である、という感覚は、憲法学のなかにある条約ないし国際法一般に対する固定観念、あるいは国内秩序における国際法の効力についての、国際法学におけるそれとは異なる一定の観念に基づいていると考えられる。これは、別の言い方をすれば、政府の法実務において、顕教においては否定されながら、密教として受け継がれている「変型」理論の反映である。

　「変型」理論とは、国際法と国家法は、その妥当範囲において「棲み分け」られており、国際法が国内関係に妥当するためには、必ず国家法に変型されなければならない、という理論である。戦後日本の国際法学の通説においては、この理論は、「国際法は国内的に妥当しえないという固定観念を前提とするもの」として批判され、「一般的受容は、国家が、国際法そのものとして国内的に妥当することを認めたものである」と説かれている[4]。憲法学における日本国憲法の通説的解釈は、国際法の国内的妥当を認める一般的受容体制を採用しているというものであるから、それ自身変型理論を受け入れる余地のないものといえる。しかし、変型理論の否定というのは、おそらくは、現在の憲法学における大方の考え方とは異なる。

というのは、上で引用した国際法学の通説的見解からすれば、国際法は国際法として「そのままの形で」[5]妥当するのであるから、条約は、多くの場合、官報に掲載された日本語訳として妥当するのではなく、条約正文（多くは英文が含まれ、日本文は多数国間条約ではまず含まれない）の形で妥当するからである。もしこの帰結に大方の憲法研究者が違和感をもつとすれば、それは、国際法はそのままでは国内的に妥当し得ないという「固定観念」に囚われている証左である。

　国際法学の通説を支持する筆者としては、日本において国際法は、内容的に国内関係の規律を含むのであれば、すべてそのままの形で国内的にも妥当すると考える。

(2)　国際法としての〈人権条約の法〉とその特徴

　規範 α ・ β 論では十分に言語化できていなかったが、現在では筆者は、人権条約を、単に、国家間の国際法的合意あるいは諸国家の意思の集積と、捉えることはできない、と考えている。人権条約は、次の図[6]で示されるような、立体的な法である。その中核は、人権の規範的概念・枠組みであって、条約機関や国家は、こうした概念・枠組みと常に交信しながら、その目的を達成するために協働しているのである。この〈法〉は、このように、トランスナショナルなプロセスとして動態的に観察することで、その全体像をよりよく把握できる。

図：〈人権条約の法〉の構造

　人権条約をこのような法と捉えることができるとすれば、そこでは、この法の内容の具体的意味を収斂していくためのプロセスが用意され、個別締約国はもちろん締約国集団全体でさえも、最終的な決定権を有しているわけではない。

　この法は、さらに、単に抽象的な国の行為を規律するだけではなく、さまざまな公私の機関の、現場における行動を問う規範を内包するようになってきている。たとえば、人種差別撤廃条約[7]は、権限ある国家機関および裁判所が人種差別行為からの保護と救済措置を提供するよう求めている（6条）。児童の権利条約3条は、「児童に関するすべての措置をとるに当たっては、公的若しくは私的な社会福祉施設、裁判所、行政当局又は立法機関のいずれによって行われるも

のであっても、児童の最善の利益が主として考慮されるものとする」と定める。〈人権条約の法〉がその関心の対象とする出来事は、国内社会のそここここに生じており、それに対する対応がさまざまな国内機関・アクターに求められているのである。条約は、国家機関に分節される以前の、総体としての国家にのみ呼びかけているという、よくある「通念」は、人権条約の具体的な規定を見る限り、思い込みにすぎない。

したがって、こうした規範が国内的に妥当しているかどうかは一旦おくとしても、〈人権条約の法〉の立場からは、日々この社会においてさまざまな行動が求められており、そうした行動をとるべく注意を払わなければ、国際法に違反する事態が生ずることは防ぐことができないのである。

3．日本における法実務と運動
—— 人権条約の「誠実な遵守」の推進力はどこにあるか

このようにある意味で厄介な性格を有する〈人権条約の法〉を、日本国憲法は、誠実に遵守することを求めている。それをすすめるには、どのような考慮を払う必要があるのか、検討したい。

⑴　（人権）条約の受入れの実務理論と実態

近年、条約を締結する際、内閣法制局において、国内法制において遺漏なく実施できる体制を整えているという意味で、「完全担保主義」がとられている、といわれている。この主義に基づく実務があると考える松田誠[8]は、次のように「担保法」制定の実務を例解している。たとえば、ある条約で、〈締約国の権限ある当局は、XについてYを目的とし、Zを行うこととする〉と定められた場合、法律において、「『○○大臣は、Xに対し、Yを目的として、政令で定める措置をとることが<u>できる</u>』とした上で、別途政令において、Zを詳述する」（下線引用者）、というのである[9]。しかし、ここで分かるように、国際義務は、多くの場合、法律上、行政裁量の行使により実施され、それでも担保主義が貫かれているというわけであるから、この場合の「担保」とは、国際義務の実施が<u>できる</u>体制を担保するのであって、国際義務の着実な実施そのものを担保しているわけではない。

担保主義という用語は、この実務があるので条約は自動的に遵守できるのだ、という根拠のない安心感を与えてしまう、という点で、大きな問題をかかえている。実際には、国際義務が必ず実施されるためには、このように法律上権限を与えられた国家機関が、常に条約規定を参照して、〈遺

漏なく実施しなければ〉という意識をもつ、つまり条約そのものの遵守に実質的にコミットしている必要がある。そして確かに、条約の締結とある政府機関への関連権限付与との関係が明確であれば、つまり、ある条約の「担保法」であることが明確な法律の制定は、たしかに、こうしたコミットメントを引き出す要素とはなる。

とすれば、より深刻な問題は、人権条約の締結に際して、法律の改廃はほとんどなされていないことである[10]。条約の締結とともに法律の制定・改正があったのは、女性差別撤廃条約の際の国籍法の男女両系血統主義への改正と男女雇用機会均等法の制定のみといっても過言ではない[11]。結局、ほとんどの場合、行政機関にすでに与えられている権限によって、人権条約は実施できる、という理解が、政府内で確立している、ということになる。これでは、各権限と特定の条約規定を結びつけて考えるきっかけは、ほとんどないに等しい、ということになる。

(2) 人権条約の国内実施体制についての批判的考察
——環境条約との比較・管理法令の取扱いを踏まえて

人権条約の国内実施体制の分析をさらにすすめるためには、環境条約の場合と比較することも有効である。環境条約を持ち出すのは、同じく広い分野で多くのアクターが絡む国内実施が問題になるにもかかわらず、この分野では、国内公法、とくに行政法の研究者と国際法研究者との協働関係がはるかに強固に確立しており、また理論と実務の間に、少なくとも互いに建設的な対話をするという文化が成立しているからである[12]。人権条約の場合と比較しての、この「落差」の原因を究明すべきである。

第1に、人権条約の場合には、主戦場たる国内で勝負するために不可欠な、国の機関による条約実施へのコミットメントが、きわめて曖昧な形でしかなされていない。環境条約の場合には、環境基本法において、地球環境保全が「国際的協調の下に積極的に推進されなければならない」（5条）と明確に規定されている。これに対して、人権条約にかかわる国内法制では、国際的協調の原則は、1999年の男女共同参画社会基本法の7条と19条、および、障害者基本法の2011年改正で追加された5条に、「積極的に」という文言を落とした形で、みられる程度である。前者は、女性差別撤廃条約が日本について効力発生（1985年）してかなりの時間が経過した後にはじめて認められたものであることに注意が必要である。結局、そこでの「協調」の対象に、女性差別撤廃条約に基づく国際的手続、とくに女性差

別撤廃委員会が含まれるかどうか、明確とはいえない。

　第2に、人権条約の場合には、その実施のための政府内の調整について、それを担う機関の指定もなく、手続も一般に明確ではない。条約の交渉・締結については、外務省が所管するが、条約の国内実施という側面を有する人権の実現に、積極的ないし消極的にかかわる省庁は、別にいくつかあり、それぞれがその本来的権限を行使するだけで人権条約の実施にかかわる。一般的にいえば、これらの省庁は、これまでのその本来的権限の行使について、人権の観点から問題があるとは考えてはおらず、したがって、条約締結に対して協力的に行動するのは、新たな制約が生ずるとはされていない場合のみである(13)。外務省が、条約締結の際に、これらの省庁との関係で衝突も辞さないほど、人権条約の国内実施そのものに強い関心を抱いて行動するとは、これまた一般的には考えられない。このように、人権条約の誠実な遵守は、消極的抵触をもたらすように行動しがちの省庁間の行動の間に落ちるのである。

　これに対して、環境条約の場合には、気候変動枠組条約の締約国会議（COP）には、必ず、環境大臣が出席している。条約実施のための日本政府機関の外向きの顔と内向きの顔との分断は、かなりの程度克服されているのである。

　このように、人権条約の場合、その目的が国内における実施にありながら、実質的には、国内実施の体制づくりがなされていない。にもかかわらず、中央省庁、なかんづく内閣法制局がコントロールして「担保法」の必要性についての議論が尽くされている、とされるのはどうしてだろうか。

　この点で参考になるのは、日本に対する占領管理下で、連合国総司令官（SCAP）が発していた管理法令の取扱いという先例である(14)。法制官僚たちは、管理法令が国内で私人をも拘束する効力をもつことを認めざるを得ない状況の下で、それを覆い隠すために、簡略的に日本法令に「変型」することにこだわった。ここでは、担保主義は、国の決定の自律性を確保するためにとられたわけでも、国際法を誠実に遵守するためにとられたわけでもない。政府の下級機関や地方自治体に対して、条約その他の国際法（およびそれを根拠とする管理法令そのもの）を参照する必要はない、中央が定めた法令を見るだけでよい、と言い張るためのアピールであったとしか考えられない。管理法令が国内に直接妥当していたことを暗黙裡に認めていた佐藤達夫（関連期間中、法制局の中枢幹部を一貫して務めた）は、その処理にあたって、「再び繰り返すことのあってはならない不幸な歴史」(15)と総括し

た。日本社会の「内部」の問題は、すべて日本国家法で規律されており、そこに国際法が立ち入ることは許されないという、法経験とは正反対の「固定観念」により、国家法の完全な一貫性と政府によるその保障という、「神話」が生み出されている。

このような実務が、現在まで継承されていると考えられる。そこでは、日本国憲法の通説により認められてきたはずの、国際法は国内的効力をもつ、という理論は、日本国家の「内部事項」については、事実上無効化されてきた。人権条約が登場してきたとき、この「密教」としての変型理論は、人権の国際的規範を、人々の日常生活から遠ざけるという、この規範の目的そのものに反する機能を果たすようになった。

(3)　障害者権利条約の国内実施体制作りをどうみるか

以上述べてきたことは、障害者権利条約という直近の例については、修正が必要かもしれない。実際、2009年に内閣に設置され翌年発足した「障がい者制度改革推進本部」において、障害者権利条約の締結に必要な国内法の整備を掲げて制度改革の検討が開始された[16]。

検討体制は変転したが、作業は引き継がれ、障害者政策委員会の下の差別禁止部会の2012年の提言がきっかけとなって、障害者基本法に加えて、障害者差別解消法が作られた。この法律の成立をまって、障害者権利条約の締結承認・批准がなされたのである。

障害者権利条約は、障害についての「社会モデル」を採用し、また合理的配慮をしないことも差別だとして、それに対する実効的保護を求めているので、これまでの障害者政策の抜本的転換が求められた。したがって、そうした転換をもたらすための国内法整備は、条約締結のために不可欠であった。この作業が困難を極め、ときには厳しい緊張関係が生じたことは、「ワクチンを注入された身体」の「劇的な抗体反応」に喩えられたことから[17]、明らかである。

したがって、差別禁止部会の座長としてその現場にいた棟居快行が、人権条約の国内実施は、立法・行政レベルでの変化にこそある、と説くのは[18]、当然といえば当然である。それに引き続いて、人権条約は「客観法」として国内的効力をもつという持論を展開することも、理解できないわけではない。

しかし、齊藤正彰が丁寧に紹介して検討しているように、そのために権利性を否定する必要はないであろう[19]。たしかに、〈人権条約は、個人に

権利を付与し、それに対応する義務を設定する〉という命題は、国内法制度整備をサボタージュするための逃げ口上として使われる可能性がある。棟居「客観法」論は、そのことも意識して、権利性の否定を強く打ち出していると推測できる。しかし、それは、せいぜい、人権条約の国内実施についてすでに十分に関心を有している、その意味で誠実な、法制官僚に対する応援歌にとどまるのではないだろうか。つまり、彼らが、より頑迷な政府関係者や国会議員を説得するための方便というべきである。ある個別的な局面で、このような議論が有効性をもつことがあるとしても、日本の関連状況一般で、そうではないことは、障害者権利条約の締結過程からも明らかである。

　実際には、法制官僚の誠実さを引き出すこと自体が大変なハードルであった。2009年の「幻の批准」事件では、障害者基本法の手直しで批准できると本気で考えていたのである[20]。ミニマリズムの「伝統」は生きていた。これをひっくり返したのは、当事者の運動の力にほかならない。当事者たちは、国内制度への働きかけとともに、国際舞台でのこの条約の作成過程にも関わり、さらにこの条約の精神にしたがった法制化に努力し続けている[21]。逆に、締結に伴い「客観法」としての確立は否定しようがないにもかかわらず、現行の法制度整備は、なお不十分であると評されるのである[22]。

　上の2(2)に掲出した図において、「〈人権〉の規範概念・枠組み」が雲の形で二重に表現されているのは、これが自然法のようにどこからか降ってくるのではなく、社会のなかの生きている人間のさまざまな実践との対話のなかで、形づくられ運動していることを示したものである。障害者の自らの権利の確立を求める運動は、このようなインタラクティヴな過程にトランスナショナルに参加していた。〈人権条約の法〉と呼応する当事者の権利意識と運動、これこそが国内実施体制の基礎を作ったといえるのである。だとすれば、そうした現象を法理論や「権利」概念のなかに取り込むことこそが、それらの健全な発展である。

　〈人権条約の法〉は、陽光のように全方位に、また、日本国内に向かっても光を投げかけている。国家の憲法的決定によって遮光カーテンがひかれない限りは、その光は、国内にも届き、人々を励ましてその〈法〉の実現へと向かわせる。人権条約「おひさま」理論という表現は、本稿筆者の考えを的確に表すものである。日本国憲法が、遮光カーテンをひくものである、という理解は、全く支持されないであろうことは明らかである。

　障害者権利条約は、日本国憲法が要請する人権条約の「誠実な遵守」を
もたらすためにも、政府だけを相手にするのではなく、直接人々の「権
利」意識を動員することが必要であるということを示す例である。法解釈
論としては、そこでいう「権利」とは、一旦は「抽象的権利」であると理
解すべきだ、と付け加える必要があるとしてもである。

4．おわりに──「人権のトランスナショナルなゲマインシャフト」 への参加戦略のために

　そうすると、結局、〈人権条約の法〉は、斎藤民徒が説くように、国家
機関や人々が常に意識すべき不可視の「第四審」として機能すべき[23]、と
いうことになる。そのような機能を正面から認めることによってはじめて、
人権条約の「誠実な遵守」の基盤が与えられる。それは、少なくとも人権
条約に限っては、無変型妥当を認める、という命題に一致する。

　その帰結をより具体的に述べれば、〈人権条約の法〉については、日本
の政府・国会・裁判所のいずれにも権威的な解釈権はない、ということに
なる。人権条約は、人間人格に固有の権利を定めているので、それぞれの
国が個別的に解釈・適用するという事態を、決して放置しないからである。

　もし、そのような過程を、全く他律的なものとしか捉えられないのであ
れば、国際基準に対する態度は、よそよそしいものになるほかはない。先
にもその重要性を指摘したが、政府機関のコミットメントを引き出すため
には、人権条約の解釈・適用という一つのトランスナショナルな過程への
日本からの参加を、憲法論としても考えていく必要がある。「憲法ゲマイ
ンシャフト」[24]ならぬ「人権のトランスナショナルなゲマインシャフト」
への参加戦略であり、日本国憲法は、〈人権条約の法〉に呼応する憲法秩
序を想定している、という理解である。

　この理解は、日本国憲法のテキスト解釈としても、さほど無理あるもの
とは考えられない。周知のように、日本国憲法の最高法規の章の冒頭の97
条に、人権の不可侵性が再確認されているのは、それが憲法の最高法規性
の実質的根拠であるからである、と考えられている[25]。またここでは、人
権が「人類」の努力の成果であるとされ、それ自体、トランスナショナル
な背景抜きに語ることができないものと想定されている。そうした人権が
最高法規性を裏付けるというのは、人権実現という人類の努力があっては
じめて自律的憲法秩序が成り立っているということも意味している。今
日、その人類の努力は、さまざまな歪みはあるとしても、人権条約という

フォーマルな法に、一応集約されているとすれば、日本国憲法は、〈人権条約の法〉への呼応を、その憲法秩序自体を成り立たせる根幹として想定していると考えてよい。

　その理解はさらに、日本国憲法成立のコンテキストにも合致する。日本の国際法学において変型理論に対する批判を、最も洗練された形でかつ先鋭に展開した田畑茂二郎の1949年の論文は、国際法の国内的妥当が国際共同体によっても基礎付けられることがある、との把握に辿り着いている[26]。人権に限定すれば、上に述べた憲法の最高法規性そのものが、人類の努力によって基礎付けられる、という把握と、正確に一致する。田畑のこの透徹した認識は、ポツダム宣言を履行する占領管理という経験の文脈なしには、成立し得なかった。日本国憲法の通説的解釈として成立する国際法の国内的効力の承認は、一般には上にみたように通俗化して無効化されているので、その精神が見失われているとも考えられるが、少なくとも原初的には、こうした理論と不可分に結びついていたのである[27]。

　ここで必要な作業は、ポツダム宣言というプロジェクトを、その正義を承認する立場から、改めて捉え直すことである。それは、日本という戦争犯罪国家を根本的に体質改善する試みであった。日本の戦争犯罪処理の詳細な歴史研究からは、軍隊や組織のなかでの人権保障が、戦争犯罪の加害者とならないための重要な保障である、と主張されている[28]。他の諸国との平和的関係を構築することだけが、日本国憲法の国際協調主義なのではなく、人権保障をローカルにかつトランスナショナルに考え、行動しつづける、というのが、ポツダム宣言とその正義を継承しているはずの日本国憲法の最も重要な課題の一つであるというべきである。

　こうして、人権実現について、国と市民がトランスナショナルに協働していくということを、日本憲法上の原則として確立していくことが、正当に主張できると思われる。それは、国際協調主義や人権条約を「誠実に遵守」するという原則の現代的発展形と理解してもよい。しかし、このような原則は、政府の法実務において、十分に踏まえられているとは考えられない。現在に至るまでの、人権条約の受容の貧困な実態が、それを示している。

　この貧困な実態を克服するために、法理論の側で、国際法や人権条約についての貧しい把握や、条約・国際法と憲法との間の「棲み分け」という、すでに3・4半世紀前から批判されている認知作用・理論構築の枠組みから、決定的に脱却することが必要である。本稿がそのための一歩を踏み出

す契機となるのであれば、ここでの試みは半ば成功しているということができる。

(1)　その一応の集約として、小畑郁「人権条約とはどういう法か」国際法外交雑誌119巻2号（2020年）37頁以下。

(2)　小畑郁「〔コメント〕国際人権規約の私人間適用」国際人権14号（2003年）51頁以下（52頁）。

(3)　なお、このようなやり取り、とくにその後の棟居理論の展開については、齊藤正彰が丁寧に整理の上、議論している。後注（19）に引用のもののほか、参照：齊藤正彰「国際人権条約の私人間効力」法律時報94巻4号（2022年）28頁以下。

(4)　田畑茂二郎『国際法Ⅰ〔新版〕』（有斐閣、1973年）169頁。

(5)　同所。

(6)　小畑・前掲注（1）、55頁。以下の記述については、全般的に同稿参照。

(7)　本稿では、条約および法律については、一般に通用している略称で引用する。また、前者についても、浅田正彦ほか編『ベーシック条約集2023』（東信堂、2023年）に掲載されている場合には、とくに典拠を示さない。

(8)　もっとも、「完全担保主義というか……」という表現で、この語に一定の留保を付している。松田誠「実務としての条約締結手続」新世代法政策学研究10号（2011年）301頁以下（313頁）。管見の限りでのこの用語の初出であるこの論文での、この留保は、その後一般に見過ごされ、この用語は、実務の立場を説明するものとして、無批判に踏襲されている。

(9)　松田・前掲注（8）、316頁。

(10)　既存の法律との抵触を避けることがどうしてもできないと考えられた場合のみ、法律の改廃が行われる。「ミニマリズム」と評されるのは、このことを指している。浅田正彦「人権分野における国内法制の国際化」ジュリスト1232号（2002年）79頁以下。こうした場合でも、留保を付すことによって、法律改廃を避けることもある。児童の権利条約の締結の際には、自由を奪われた児童の成人からの原則分離の規定を適用しない留保が付されたが、それは日本では20歳を基準にして分離することが理由であった。この留保は、成人年齢が18歳に見直され、少年法上の成人との分離の規定が、18歳および19歳の特定少年には適用されないこととなった現在でも維持されている。少年法67条2項参照。児童の成人からの分離原則が、単に国家法上の要請ではなく、児童の権利条約からも呼びかけられていることが忘れられているのである。

(11)　努力義務を規定する男女雇用機会均等法が制定されるにとどまったのは、ありうる牴触の範囲をできるかぎり狭く解そうする傾向を示している。なお、厳密に言えば、強制失踪条約が日本について効力を生ずると同時になされた、入管法53条3項3号の追加もこの例として挙げられる。しかし、同じノン・ルフールマン原則を規定する拷問禁止条約（1993年日本について効力発生）3条を受けた入管法53条3項2号の追加は、2009年改正において行われていることなどからすれば、こうした人権条約上のノン・ルフールマン原則と53条3項の改正とが、行政実務において意識的に結びつけられているとは到底いえない。この改正の問題点については、さらに見よ：小畑郁「人権侵害防止のための追放送還禁止原則の国内実施」小畑『地球上のどこかに住む権利』（信山社、2022年）19頁以下（26-33

頁）。

(12)　行政法学者による、日本における環境条約の国内実施についての精密な検討
として、参照：島村健「国際的な環境利益の国内法による実現」行政法研究32号
（2020年）73頁以下。

(13)　参照：小畑郁「『国際人権』とその教育の『学際性』・国際的文脈」（初出
2004年）小畑・前掲注（11）書112頁以下（129頁註13）。人種差別撤廃条約の締
結の際も、人種差別宣伝等の犯罪化を求める同条約 4 条に留保を付しただけで、
法律の改廃は不要とされた。この処理の政府担当者による説明として、見よ：
阿部康次「あらゆる形態の人種差別の撤廃に関する条約」ジュリスト1086号
（1996年）79頁以下。実際には、同条約は、国内法制における多くの調整を必要
とするものである。これについては、参照：薬師寺公夫ほか『法科大学院ケース
ブック　国際人権法』（2006年）79-82頁（小畑郁執筆）。政府担当者の説明は、牽
強附会というほかない。

(14)　以下、全般的に参照：小畑郁「行政主導の国際法の『変型』体制と『棲み分
け』観念による国際法の形而上への捨象」法律時報94巻 4 号（2022年）10頁以下。

(15)　佐藤達夫「ポツダム命令についての私録（ 4 ・完）」自治研究28巻 7 号（1952
年）49頁。

(16)　障害者権利条約と日本との関わりについては、参照：長瀬修ほか編『増補改
訂　障害者の権利条約と日本』（生活書院、2012年）。

(17)　棟居快行「国際人権法条約と国内法ネットワークの自己組織化」（初出2014
年）棟居『憲法の原理と解釈』（信山社、2020年）91頁以下（93頁）。

(18)　同所。筆者も「国際人権規範の実施……に関心をもつならば、関連国内法制
度にふかく立ち入って、それ自体の内容と構造を理解し、必要な修正を提言して
いくべきだ」と述べたことがある。小畑・前掲注（11）、21頁。

(19)　齊藤正彰「私人間の人権保障と国際規律」（初出2021年）齊藤『多層的立憲
主義と日本国憲法』（信山社、2022年）85頁以下（117-118頁）。

(20)　尾上浩二「障害者運動と法制度の現在」立命館生存学研究 2 巻（2019年）41
頁以下（48-49頁）。

(21)　前注に引用のもののほか、川島聡＝東俊裕「障害者の権利条約の成立」長瀬
ほか編・前掲注（16）書13頁以下（25-28頁）。

(22)　長瀬ほか編、前掲注（21）のほか、国内実施体制の検討として、参照：山崎
公士「障害者権利条約の国内的実施・監視」神奈川法学45巻 1 号（2013年） 1 頁
以下。

(23)　斎藤民徒「国際人権法の審級論」法律時報94巻 4 号（2022年）34頁以下。

(24)　Cf. 樋口陽一『憲法と国家』（岩波新書、1999年）38頁以下。

(25)　佐藤幸治「第10章　最高法規　概説」樋口陽一ほか『註解法律学全集 4 　憲
法Ⅳ〔第76条～第103条〕』（青林書院、2004年）319頁以下（319頁）。

(26)　田畑茂二郎「国際法の国内法への『変型』理論批判」恒藤博士還暦記念『法
理学及国際法論集』（有斐閣、1949年）343頁以下（379-380頁）。田畑のこの議論
は、次の書評ですでに表明されていた。田畑茂二郎「〔書評〕ミルキーヌ・ゲッ
ツェヴィッチ『国際憲法』」季刊法律学 1 号（1947年）164頁以下（184頁）。

(27)　前注にみたように田畑がその考えの着想を得た著作の本邦初訳は、次のもの
である。ミルキヌ＝ゲッツェヴィチ，B.［1933］、（宮沢俊義＝小田滋訳）『国際憲
法』（岩波書店、1952年）。戦後初期憲法学のミルキヌ＝ゲッツェヴィチとの共振関
係の指摘として、見よ：石川健治「『国際憲法』再論」ジュリスト1387号（2009

　年）24頁以下（28-29頁）。

(28)　林博文『BC 級戦犯裁判』（岩波新書、2005年）206-207頁。

（おばた・かおる）

多層的立憲主義と平和主義

齊 藤 正 彰 （北海道大学）

はじめに

　2023年度の年間テーマは「変動する国際社会と憲法」とされており、世界大の〈人・モノ・カネ〉の相互依存関係と国際的秩序の統合的構想を考えることが求められるなかで、日本国憲法においては平和へのコミットメントが大であるところ、各国の安全保障政策は軍事同盟化を強化する傾向を強めているようであり、そうした状況において「日本国憲法の特殊性と普遍性をいかに掴むか」といったことに関心が向けられたようである。

1．憲法9条解釈と変動する国際社会

⑴　グローバル化を受けとめる法秩序構想

　憲法学説においては、戦争放棄・戦力不保持について、主に国法体系内部で完結する憲法解釈の問題として論じられてきた。外国による武力攻撃は外的事実でしかなく、「国際的秩序」における法的問題についての具体的な議論は十分ではなかったようにみえる。

　この点に関しては、近年、「国家生活や（国際的世界生活を含む）世界生活とは区別された、「国際生活」それ自体のレヴェルにおいて憲法9条がもつ規範的な意味は、何だろうか。この点、カントの実践哲学は、平和のための国家連合という集団安全保障の体制を選択した。「敵」を想定した権力政治を、ここでも締め出したのである。これを補助線として考えた場合、憲法9条は、この水準においては、「敵」を想定した同盟政策の排除を意味している、といってよいだろう」[1]との見解が示されている。そこでは国家間の関係を視野に入れた9条解釈が展開されているとの指摘を受けるかもしれない。ただし、この見解においては、個別的自衛権に基づく武力行使は日本国憲法の下でも可能と解されているようである。また、「集団的安全保障への全面的なコミットメント」が「9条の本質的内容」とされている。それが、国連憲章上の国連軍に参加することも9条の下で許されるという趣旨であるのかは、定かではない。いずれにしても、日本国憲法

の規定が「同盟政策の排除を意味している」という趣旨が、集団的自衛権の行使を違憲とするかつての政府解釈と射程あるいは論拠を異にするものであるならば、その点について、まさに法ドグマーティクによって明確化することが求められるであろう。そうでなければ、従来の議論と異なるものではないと解される。

さて、国際法秩序と国法秩序の関係の捉え方一般については山田哲史報告に委ねるが、これまでの議論は、国法体系の内側から国際法との関係をみており、他国の存在が必ずしも視野にない嫌いがあったと解される。今日、グローバル化の問題を論じるならば、国法体系の外側は、主権国家が併存するだけの荒れ地ではなく、立憲主義による規律を期待しうる空間が形成されつつあると信頼することが前提となろう。

そこで「グローバル化を受けとめる法秩序」の手がかりとなりうる構想はいくつかあるが、ここでは、小畑郁報告でも言及されたミルキヌ＝ゲツェヴィチの議論を参照したいと考える。ミルキヌ＝ゲツェヴィチの著作は日本の憲法学界では早くから紹介があり[2]、近年でも論及されていて[3]、ここで、憲法研究者に共有されうる前提として「仮置き」するには好都合と考えられる（ミルキヌ＝ゲツェヴィチの所説そのものを掘り下げて検討したいわけではない）。

ミルキヌ＝ゲツェヴィチの構想は、「国際社会を覆う「国際法」という単一の天蓋（屋根）」と、それを支える各国の憲法を中心とする「「国際憲法」という複数の柱」からなるものとされることがある[4]。そこでいう「国際憲法」とは、「その内容にもとづき、国際的な意味、国際的な効力をもつ諸国の憲法的規律の全体である」とされる。「憲法の国際的な規定」などとも呼ばれており、国際法における憲法という意味ではない[5]。

グローバル化が論じられる国際社会は、地球全体を完全にカバーするものではないとしても、一定の立憲主義の共有を期待できる空間のはずである。国際法における人権基底的思考が広まっている／強まっているとすれば、個人に基礎を置いた立憲主義の展開を期待することも可能ではないかと解される。そして、国際法は「平和」を重要な主題の１つとしてきたはずである。問題は、そうした「平和」という普遍的な課題に、日

天　蓋
（国際法）

柱＝国際憲法
（各国憲法の国際的な規定）

本国憲法が立てた9条という柱は間尺が合うのか、ということであろう。

(2)　学説の精算

そうすると、まず、国際社会の平和を支えるために日本国憲法が用意した9条という柱の寸法を明らかにする必要があろう。しかし、従来の憲法学説の議論は、基本的なレベルで区々なままである。9条をめぐる峻別不能説・遂行不能説・自衛戦力合憲説の併存は、たとえていえば、憲法25条に関するプログラム規定説・抽象的権利説・具体的権利説の対立のレベルで停滞しているに等しいであろう。いまや、条文解釈として無理のない遂行不能説を議論の出発点とすべきである[6]。

かつては、〈自衛力の保持を合憲とするのは憲法解釈の「わく」を越える〉とする見解が「通説」とされていた。下記の図の「禁止説」である。たしかに、国会の制定する法律によらずに警察予備隊を設置した当時には、政府見解を「にせ解釈」と指弾することにも理由があったと解される。しかし、長期間にわたって国会が少なからぬ法律を制定・改正して整備してきた自衛力に関する法制について、それを丸ごと「にせ立法」と断ずるならば、民主的政治過程との関係で憲法学説の立ち位置が疑問とされないであろうか。

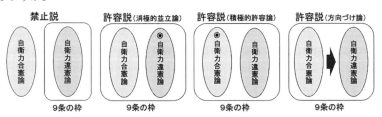

今日では、政府見解のような自衛力合憲論も憲法9条の解釈として論理的には成り立ちうることを認める、つまり、自衛力違憲論と自衛力合憲論の双方が9条解釈の枠内にあることを認める「許容説」を前提とすべきであろう。「許容説」は、論者自身の立場（◉印）に応じて、上掲の図のように3つのタイプに分類できる。

不戦条約の掲げた侵略戦争放棄の実現という「目的」は、日本国憲法と国際法とで共通のはずである。その実現の「手段」については、日本国憲法（戦力不保持）と国連憲章（武力行使禁止）とで相違があるようにみえる。しかし、国連憲章は規定の明文において、日本国憲法は解釈において、例外的な武力行使を認める可能性があるとすると、問題の焦点は収束してく

ると解される。

学説も政府見解も⑧遂行不能説に立つことを前提とすれば、見解の分岐

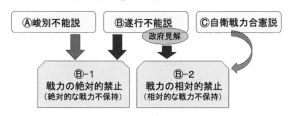

点は、戦力不保持に例外を認めるか否かであると解される。換言すれば、憲法の要請が戦力保持の絶対的禁止（「戦力」概念には質的把握しか認められないと考える）か、相対的禁止（「戦力」概念は量的把握を許すものと考える）かの対立である。Ⓐ峻別不能説は、結論的には、絶対的な戦力不保持を主張する遂行不能説⑧-1に吸収される。他方、相対的な戦力不保持を説く遂行不能説⑧-2には、ⓒ自衛戦力合憲説が流れ込む余地がある。

(3)　平和的生存権

日本国憲法の平和主義の柱を支える基盤として、平和的生存権に論及しておく必要があろう。日本国憲法の平和的生存権を「国際的次元」において考えることを論じた学説[7]は、「日本国憲法の戦争を許容しない平和的生存権と、戦争をもって戦争を終了させようとする国連憲章の枠内での平和的生存権との間には大きなズレがある」けれども、「戦争を許容しない平和的生存権こそ、「国際共同体への建設的な道」につながっている」のであり、「国際関係のあるべき1つの方向を指し示しているという意味での「国際性」と「モデル性」を、日本国憲法の平和的生存権と平和主義は有している」と説明していたとされる[8]。

日本国憲法の平和的生存権の具体的内容に立ち入る余裕はないが、日本国憲法の平和主義との関係で重要なのが、「賭命義務」の問題である[9]。

実力組織の多様化に鑑みて、〈殺傷・破壊等の戦闘行為を主たる任務とするような政府組織〉としての「軍隊」を、他の組織と識別するには、従来の憲法学説のような装備や活動に関する事実的・量的な区別ではなく、法的・質的な区別が必要である。公務員の職務には、その遂行に際して生命の危殆に直面しうるものがあるが、事実的・結果的に生命の喪失に至る場合がある公務員と、「軍隊」の構成員との相違点は、賭命義務にあると解される（自衛隊法52条・53条もそのことをいうものであろう）。「軍隊」の保持が禁じられているようにみえる日本国憲法の規定の下で、国民に賭命義務

を課すことが正当化できる場面は限定されているはずである。

　そのような個人の生命の保護をめぐっては、国際法における国際人道法（ないし武力紛争法）の発展との関係を考えることもできるであろう。

　このようにして、日本国憲法9条が立てようとしている平和主義の柱は、国際社会の天蓋に対して全く見当違いな方向を向いているとか、直ちに国際社会の平和の天蓋を崩したり傾けてしまったりするものではない、と捉えることができそうである。

2．戦力の絶対的禁止と国際法との距離

　憲法9条について、戦力保持の絶対的禁止（絶対的な戦力不保持）を定めたものと理解する場合には、「戦争を許容する平和的生存権」が主流であるようにみえる国際法秩序との距離をどう測るかが問題となろう。

(1)　国際人道法との連携可能性

　とはいえ、実際に日本には強力な自衛隊が存在している。それを前提とするならば、現在の国際情勢の下では自衛力合憲論をとらざるをえないが、憲法9条の本来の趣旨は絶対的な戦力不保持であり、その実現を目指すべきであるとする立場、すなわち許容説における「方向づけ論」（前掲の図を参照）が、戦力の絶対的禁止論の現実的な形かもしれない。従来も、戦力の絶対的禁止論の有力な論者は、自衛隊を違憲として即時に廃止・解体することを求めるのではなく、時間をかけて改編することを提唱していたはずである[10]。そのような立場は、軍事をめぐる国際規律の発展と結びつく可能性を有するとも解される。

　戦力の絶対的禁止論においては、軍隊の活動を規律する国際人道法への関心が弱まりがちと解される。それでも、憲法前文が期待した国際秩序は実現しなかったと概嘆するよりも、国際法が個人に賭命義務を課す政府組織である「軍隊」の存在を容認しながらも、個人の落命の回避を最大限図ろうとしているアプローチに目を向ける必要があるのではなかろうか。

　もちろん、国際人道法による保護の要請は、軍隊の作戦行動の合理性を前提として、軍事的必要性と比較衡量されるものである。また、軍事要員ではない民間人の保護を図りつつも、軍人を殺傷すること自体は当然の前提となっているともいえ、その意味で憲法9条解釈とは異なる本質的な限界もある。しかし、そうであるからといって、内戦や内乱のような非国際的武力紛争への国際規律の適用場面が拡大されてきていることや、子ども

の保護のように国際人道法と国際人権法が統合されつつあると論じられる
領域があることを等閑視すべきではないであろう。

(2) 平和維持活動をめぐる葛藤

　国家間の紛争解決と個人の安全は、しばしば厳しく衝突する。戦力の絶
対的禁止論の立場では、国連軍の不在（憲章7章の構想が実現しなかったこと）
を嘆くよりも、原則として武器を使用せずに武力衝突を平和裡に収拾する
ことを目指すPKO（平和維持活動）の定着を喜ぶべきかもしれない。

　しかし、紛争地で住民を保護するために武力行使型のPKOが展開され
るようになると、再び「戦争を許容する平和的生存権」が立ち上がってく
る。

　国際法学説の指摘するように、PKO部隊による武力行使を伴う作戦行
動の指揮と責任は国連にあり、その部分は、憲法9条の規律の枠外である
という考え方は成り立つかもしれない。しかし、それでも、そのような武
力行使を伴う活動に自衛隊の部隊あるいは自衛官を派遣する場合に、政府
による派遣行為自体は憲法の規律を免れないと解される。

　PKO部隊による武力行使が、それ自体として違法でないとされるのは、
国際法上の議論である。PKO部隊の武力行使が国際法上は合法である（違
法であった場合も、派遣国には責任がない）としても、そこへ憲法上は組織や要
員を派遣することはできない（違憲である）という可能性は、なお残るであ
ろう。政府に許される国際法上の行為の範囲は、憲法上の権限の行使可能
範囲に従うはずである[11]。

　なお、紛争後の復興支援の段階での地雷や不発弾の処理とか、警察など
の法執行機関の再建に際して、援助を提供する各国が、いわゆる民間軍事
会社に依存する面が大きくなっていることが指摘される。これについては、
日本も例外ではないようである[12]。巨大なグローバル企業としての民間軍
事会社と政府との関係をめぐって、百里基地判決のスタンスのままで対応
することが許されるのかについても、検討の必要がありそうである。

　関連して、「憲法は、個人の自由の帰結として、国際社会の認める正規
軍において「兵士となる権利」を積極的に認めていると解すべき」ではな
いか、「侵略を受けている他国……が行う国際法上正当な防衛活動に参加
する自由は、幸福追求権によって保障されると考えるべき」であって、
「この行為は個人の人格的利益から見て極めて重要な意義を有するのに対
して、日本人の個別的自発的意思に基づく義勇兵参加行為が「日本の平和

的存立及び日本国民の平和的生存」という抽象的な利益の保護の名の下に制約を受けることは不当」ではないかとの指摘がなされている。「明白な国際法違反に立ち向かうウクライナ正規軍への参加を刑事罰を用いて禁じることは、憲法上の疑義を生じ」るとされるのである[13]。このような指摘に、「戦争を許容しない平和的生存権」を前提とする戦力の絶対的禁止論において、どのように応答するかが問題となるであろう。

　たとえば、日本国の旅券を所持して外国に赴き、他国の軍事活動に参加することが、国籍国にもたらす弊害を考える余地はないであろうか。長沼事件の第1審判決が論じた平和的生存権は、国民が「国家の行為」に起因する外部からの「攻撃の第一目標になる」ことのない権利であったはずである。これを、「国家の行為」だけでなく、〈同胞国民の行為〉に拡張し、日本国憲法が「戦争を許容しない平和的生存権」に立脚することを強く論じて、国民の活動を制約することが許されないであろうか。

　なお、金銭を主要目的として戦闘に従事する「傭兵」については、国際規律としては禁止の方向にあり、1989年に国連総会で「傭兵の募集、使用、資金提供および訓練を禁止する条約」が採択されている[14]。ただし、国際法上、紛争当事国の軍隊の構成員であれば傭兵には該当せず、軍隊構成員であることについて国籍は要件とされていない。しかし、ジュネーヴ第1追加議定書（1949年8月12日のジュネーヴ諸条約の国際的な武力紛争の犠牲者の保護に関する追加議定書）による「傭兵」の定義は、「紛争当事者に雇用されて敵対行為に直接参加する民間軍事会社」も該当しないといわれるほど狭く規定されたものである[15]。

(3)　国内法における「非軍事」領域と国際規律

　戦力の絶対的禁止論をとる憲法学説は、自衛隊違憲論に立つので、憲法上で問題となる武力行使と、組織としての自衛隊が行う執行管轄権の行使等に伴う武器使用との区別が、十分には意識されない可能性がある。

　さらに、国内法上は「非軍事」の領域と観念されているものに及ぶ国際規律について、検討が必ずしも十分ではない可能性もある。たとえば、海上保安庁法25条は「この法律のいかなる規定も海上保安庁又はその職員が軍隊として組織され、訓練され、又は軍隊の機能を営むことを認めるものとこれを解釈してはならない」と規定しているけれども、海上保安庁の行為（武器使用に限られない）が、どのような場合に軍事に関する国際規律に関わりを生じ、ひいては憲法上の問題となりうるかについて、注意が必要

であろう[16]。

　武力攻撃事態において防衛大臣が海上保安庁長官を指揮して住民避難や後方支援を行わせる旨の「統制要領」も問題となる。すでに自衛隊法80条に規定があるが、国内法上は「非軍事」的な活動に限定されると解したとしても、国内法と国際法の規律の観点は異なっており、ジュネーヴ第１追加議定書43条３項の規定する〈準軍事的な法執行機関の「軍隊」編入〉についての紛争当事国への通報との関係等、検討すべき点は少なくないのではなかろうか。

３．戦力の相対的禁止と国際法との距離

　これに対して、憲法９条は戦力の相対的禁止を定めたものであり、一定の例外が許容されると解する場合、国際法秩序のなかでの実力部隊の活動を認めるわけであるから、やはり国際法との関係が問題となる。

⑴　国際法学との相剋

　まず、国際法学の議論との距離の取り方が問題になりそうである。たとえば、「武力行使との一体化論」については国際法学から強い批判があるが、これは憲法解釈上の論理であるので、その意味では国際法からは独立して成立しうるものである。他方、憲法解釈の問題なので、「武力行使との一体化」はなく合憲と判断される場合でも、国際規律との関係は別途に検討しなければならない。

　また、日本国憲法解釈上の集団的自衛権論の特殊性、すなわち、条約に基づいて自国の領域内に強力な外国軍隊が常駐しているため、自衛隊が他国の領域へ出動しなくとも、集団的自衛権を論じうる状況が生じることを前提とした議論であって、その意味では国際法上の一般的な議論とは異なることにも、注意が必要であろう。つまり、〈国際法上の概念〉と〈憲法解釈上の理解〉の区別が必要なのである。

　かつての（平和安全法制によって変更される前の）自衛権行使の３要件によれば、自衛隊の戦闘行為は日本国の領域とそれに近接する公海・公空内に限られていたけれども、自衛隊が武力行使をした際には安保理に対して集団的自衛権の行使として報告することとなる場合、すなわち「国際法上の集団的自衛権」の問題と評価される場合が含まれていたはずである。もちろん、それは、憲法解釈上は、個別的自衛権の行使と説明されていた。つまり、個別的自衛権と集団的自衛権の間の線引きは、日本国憲法と国際法

とで異なっていたのである。

　そうすると、存立危機事態において集団的自衛権の行使が可能になったとされることで、「海外での武力行使」が可能となり、日本の「専守防衛」は有名無実と化したと断じる⁽¹⁷⁾のは、やや早計かもしれない。

　「専守防衛」とは、憲法解釈上の個別的自衛権の範囲内でしか武力行使を許さないという趣旨であろう。その範囲内には「国際法上の集団的自衛権」の行使と評価される場合が含まれることを認めたとしても、なお自衛隊による武力行使は「専守防衛」の範囲に限定されていると論じることは可能なはずである。それよりも大きな問題が、次の点に伏在しているのではないかと懸念される。

(2)　相対的禁止論の歪みと国際規律からの離隔

　自衛隊が憲法の禁じる「陸海空軍その他の戦力」ではないと理屈立てること、すなわち、自衛隊が「軍」であることの国内的な否定が、場合によっては、国際規律からの逃避になっていないかが問題となる。

　また、「武器等防護」のように、国内法上も捉えにくい問題領域が拡大しているのではないかが懸念される。それは相対的禁止論の歪みとも称すべきものである。

　武器等防護のための武器使用については、自衛隊法95条および95条の2に規定があるが、遡れば、かつての保安庁法76条が規定していた武器庫・弾薬庫・火薬庫の警備に始まるものである。それが今日では、海上自衛隊の護衛艦による米空母の護衛まで対象とするようになっている。

　武器等防護のための武器使用は、移動中・輸送中、公海・公空、外国の領域でも可能である。武器等防護は、警察機関による公共の秩序の維持（犯罪構成要件に該当する危険行為の制止）を「補完」するものとの説明⁽¹⁸⁾もあるが、理論上はそういえるとしても、事態の実態や使用される武器の実質は随分異なるのではないかと懸念される。

　自衛官による武器等防護のための武器使用は、警察官による犯罪制止のための武器使用より「抑制」的であるとの説明⁽¹⁹⁾もなされている。これは、武器等防護のための武器使用では、正当防衛・緊急避難の場合しか危害射撃のできない点が警察官よりも縛りが厳しいとされているようであるが、これも実質を捨象した形式的な説明のようにみえる。

　同様に、防護の対象となる「武器等」は防衛用物のうち損壊等で重大な支障があるものに「限定」されていると説明⁽²⁰⁾されるが、海洋観測艦やタ

クボートまで防護の対象になっているところで、「限定」されているということの意味には疑問があろう。

　（日本の防衛に資する）外国軍隊の情報収集・警戒監視活動や、輸送・補給等の「護衛」も、武器等防護を根拠に行われる。公海・公空における外国軍艦・軍用機からの侵害行為への対処も、制約はあるが、武器等防護として行うことができるとされ、その場合も憲法9条の禁止する「武力の行使」に該当しないとされる[21]。

　しかし、武器等防護のための武器使用という理屈は、「海外派兵の禁止」をすり抜けて、集団的自衛権の行使に匹敵する軍事行動まで接続できてしまうものではないか懸念される。

　なお、警護対象の米軍等への他国軍隊からの武力行使に米軍等が反撃した場合には、「現に戦闘行為が行われている現場で行われるものを除く」という自衛隊法95条の2の括弧書きに基づいて、警護自体の継続が禁止され、それによって米軍の武力行使との一体化を防ぐという建てつけになっている[22]。それは、国際法の規律にも、国内法の建前にも齟齬がないように構成されたものであろうが、実際にはそれが何を意味するのかには、慎重な考慮が必要であろう。

　武器等防護のための武器使用の他にも、憲法9条との抵触を回避するために、警職法7条による武器使用という説明に過大な負担がかかっている場面が散見される。そこでは、警察比例の原則の前提にある思考が成り立たなくなっているのではないかと懸念される。

(3) 自衛戦力合憲説の亡霊

　戦力の相対的禁止論（旧政府解釈）に憲法学説が、いわば相乗りする状況については、政府見解が実効的に存在している場合には、学説としてそれに同意するという選択もあろうが、すでに存在しなくなったものをめぐって、〈旧来の内閣法制局の解釈がよかったのだ〉とすることに止まっていてよいのか疑問である。旧政府見解の「内容」を支持する見地から、平和安全法制以降の政府見解における自衛力への規律理論の不存在を批判するとか、旧政府見解の筋から集団的自衛権の行使について規律の網をかけるなど、学説が論じるべきことは多々あるのではなかろうか。

　自衛隊の海外出動が恒常化しているなかで、法的な規律の問題において、いかなる行為がどこまで許されるのかを、憲法学説がいわば骨太の「ガラス細工」として自ら論じる必要があろう。さもなければ、「自衛」名目で

あれば武力行使の上限を考えない、かつての自衛戦力合憲説の再来となりかねない。

　戦力の相対的禁止論をとる場合に、憲法9条2項による「保有兵器の制限」[23]があると考えることで、「専守防衛」という理念に実質的な意義をもたらすことができるかもしれない。しかし、それが（旧）政府見解をなぞるだけでよいのか、再検討の必要があろう[24]。

おわりに

　本稿の標題は、企画委員からの依頼のままである。多層的立憲主義は、国内で成立する——しかし完結しない——立憲主義を国際規律によって補完するという構想である。立憲主義が軍事力の抑制をも重要な主題とするなら、軍事に関する国際規律と戦争放棄・戦力不保持を謳う憲法規定とが結び合って多層化し、多層的立憲主義の範疇となることが考えられる。

　ミルキヌ＝ゲツェヴィチは、「国際憲法」の構想を次のように描いたとされる。すなわち、「もし戦争放棄の分野で、国際条約とならんで、ある種の平和の諸国家の法に、即ちすべての憲法の中における並行的な放棄に達することが出来るならば、たとえその放棄の根拠は憲法的であっても、結果は常に国際的のものとなるであろう。並行した立法は条約には代らない。しかしそれは同様な国際的効果をもち得るものである」[25]。憲法9条は、そうした国際的な軍事力の規制を支える規定となりうるものである。

　そして、日本国憲法は、軍備管理が日本の立憲主義の要諦であるとみて9条の規定を置いたとすると、憲法学には、少なくとも憲法解釈の枠内においては筋の通った理屈立てを用意する責務がある。9条を有する日本国憲法において、個人に基礎を置く立憲主義が個人に賭命義務を課す政府組織の存在を容認し、さらには要請することの理路についても、憲法学説は十分に説明することが求められるであろう[26]。

(1)　石川健治「民主主義・立憲主義・平和主義」法時91巻2号（2019年）91頁。
(2)　ミルキヌ＝ゲツェヴィチ（宮沢俊義＝小田滋訳）『国際憲法』（岩波書店、1952年）、同（小田滋＝樋口陽一訳）『憲法の国際化』（有信堂、1964年）。
(3)　たとえば、石川健治「『国際憲法』再論——憲法の国際化と国際法の憲法化の間」ジュリ1387号（2009年）24頁以下、山元一『国境を越える憲法理論』（日本評論社、2023年）164頁以下。
(4)　石川・前掲注（3）29頁。
(5)　ミルキヌ＝ゲツェヴィチ（小田＝樋口訳）・前掲注（2）289頁。
(6)　詳細は、齊藤正彰「平和主義」法教512号（2023年）30頁以下。

(7)　岡田信弘「平和的生存の権利——『国際社会における日本国憲法』の視点から」憲法問題2号（1991年）61頁以下。

(8)　西村裕一「権力に対抗する個人」只野雅人ほか編著『統治機構と対抗権力——代表・統制と憲法秩序をめぐる比較憲法的考察』（日本評論社、2023年）369頁。

(9)　齊藤正彰『多層的立憲主義と日本国憲法』（信山社、2022年）441-443頁参照。

(10)　深瀬忠一『戦争放棄と平和的生存権』（岩波書店、1987年）490頁以下。

(11)　齊藤・前掲注（9）399-400頁参照。

(12)　小野圭司「紛争後復興における民間軍事会社の活用——市場の特徴と課題の考察」防衛研究所紀要11巻3号（2009年）6-7頁、23頁、同「民間軍事会社の実態と法的地位——実効性のある規制・監視強化に向けて」国際問題587号（2009年）44頁注23。

(13)　山元一「ロシアによるウクライナ侵略と日本国憲法の思想」法時95巻4号（2023年）68-69頁。

(14)　2001年発効。ドイツ、イタリア、カナダを含む30か国以上が締結。米露・日本は未締結。外人部隊は正式に軍人として扱われるため傭兵には該当しない。

(15)　黒﨑将広ほか『防衛実務国際法』（弘文堂、2021年）352頁［黒﨑］。

(16)　たとえば、下山憲二「武力攻撃事態等における海上法執行機関の法的地位と課題」防衛法研究47号（2023年）25頁以下参照。

(17)　阪田雅裕「敵基地攻撃能力と安保法制」世界955号（2022年）50頁以下、同「憲法九条の死」世界966号（2023年）23頁以下。なお、水島朝穂『憲法の動態的探究——「規範」の実証』（日本評論社、2023年）69頁以下。

(18)　仲野武志『防衛法』（有斐閣、2023年）300頁。

(19)　同書297頁。

(20)　同上。

(21)　仲野・前掲注（17）427-430頁、434頁。ただし、中谷元防衛大臣・189回国会参・我が国及び国際社会の平和安全法制に関する特別委員会議録16号7-8頁（2015年9月4日）。横山絢子「平和安全法制における米軍等の部隊の武器等防護の国内法上の位置付け——自衛隊の武器等防護との比較の観点から」立調378号（2016年）124頁。

(22)　なお、仲野・前掲注（17）309頁注1。

(23)　齊藤正彰『憲法と国際規律』（信山社、2012年）212頁参照。

(24)　実際に、ICBMや長距離戦略爆撃機を保有・運用できる国は限られる。また、ABC兵器（核兵器・生物化学兵器）も自衛のための必要最小限度の範囲では合憲とするならば、国際法の規律よりも憲法の規律が緩いことになる。敵基地攻撃論と「反撃」能力については、齊藤・前掲注（6）32-33頁参照。

(25)　ミルキヌ＝ゲツェヴィチ（小田＝樋口訳）・前掲注（2）274頁。

(26)　齊藤・前掲注（9）445頁参照。

（さいとう・まさあき）

規範形成過程のグローバル化と立憲主義

小 川 有 希 子 （帝京大学）

1．はじめに

　筆者に与えられたテーマは、規範の創出・改変が、国際機関のみならず非国家主体によっても活発になされ、国際水準として維持されているグローバル化社会にあって、市民社会組織が関与する政策形成プロセスを、統治構造にどう再定位するか、である。法学領域におけるグローバル化は、「国家の単位で仕切られた社会と、当該社会に妥当しこれを規律する法秩序の一対一対応が崩れたと認識される状況」、敷衍すれば、「従来は国家の単位で完結してきた政策基準・法規範の定立、個別的執行・実現、争訟・評価・改善という政策実現過程がもはや国内に収まらなくなり、国際的な水準にまで拡大する現象」と説明される[1]。ここから、トランスナショナル人権法源論[2]にみられる法源論の変容や、主権国家の地位の低下への懸念[3]が生じている。

　「グローバル化社会と憲法」が想定するグローバル化の実相として棟居快行が示す4つの段階の2つ目に、「国際的共通価値の世界標準化」という段階がある。これは、「地球環境や国際人権など、国境や文化の壁を越えた共通の世界規模の課題や価値」がSNS等を通じて頒布・研磨され、「各国の国内の市民社会のコンセンサスとして国境の内側に逆浸透し、各国内の市民社会が共通する世界標準の基本的価値となるフェーズ」と説明されている。今日、NGO等の市民社会組織が、「市民社会のコンセンサスとしての世界標準の基本的価値の生成」において果たす役割が注目されている。本稿では、規範生成アクターとしての市民社会組織の方的位置づけおよび機能について実証的な分析を加えたうえで、国家の従来の統治機構イメージから正統性を得ようとする場合に陥るパラドックスについて、若干の検討を試みる。

2. 規範形成過程における
市民社会組織の法的位置づけと機能

(1) 市民社会組織

　NGO（Non-governmental organization）は、「共通の目的や関心を持つ人々によって自発的に組織される非政府組織」[4]と定義される。Non-governmental organization という用語は、国連憲章71条に登場し、「民間団体」と訳されている。今日、NGO の中には、国連経済社会理事会との協議資格を有するもの、国連総会にオブザーバとして参加する資格を有するものなどがあるが、これらは、NGO 等国際機関の正統性・代表性に対する批判に応えて、一定の法的根拠が与えられているものである。日本では、非政府であることを強調する場合、特にグローバルな組織についてNGO と呼び、国内で活動する民間団体で非営利を重視する場合に NPO（Non-profit organization）と呼ぶことが多い。NGO の活動や形態は多岐にわたるため、自発性を強調した PVO（Private Voluntary organization：民間ボランタリー組織）や市民社会における役割を強調した CSO（Civil society organization：市民社会組織）など、より積極的な用語が用いられることもある。国連では、NGO の代わりに、あるいはより広い意味を込めて、CSO という呼称を使い始めており、今後、日本でも、NGO に並んで市民社会組織や CSO という単語が広まっていくことが予想されている[5]。

　市民社会組織は、市民社会の代表ないしは市民社会の構成要素として捉えられており、市民社会（civil society）という用語もまた、今日、多義的に用いられている。元々は、アリストテレスの『政治学』において、「国家共同体」という言葉の訳語として16世紀から18世紀にかけて用いられ、その後ヘーゲルによって「国家」に対置される経済社会へと意味転換され、ヘーゲルの用語法を受け継いだマルクスにより、「資本主義社会」の同義語として使われるようになったものの、今日では、こうした用法はすでにほとんど失われているという[6]。市民社会を、ブルジョワ社会あるいは市場経済社会としての市民社会（市民社会 α）、政治共同体としての市民社会（市民社会 β）、自由な意思に基づく非国家的・非経済的な結合関係としての市民社会（市民社会 γ）に分類する吉田克己の整理[7]は、市民社会を「国家と経済から区別された社会相互作用の領域」[8]として、つまり非国家的、非経済的な結合関係として捉える見方を示している。吉田によれば、「市民社会 γ」を観念することにより、グローバルレベルの市民の活動を基礎

とするグローバル市民社会への展望が開かれる[9]。「グローバル市民社会」という用語もまた、多義的に用いられているものではあるが、ロンドン・スクール・オブ・エコノミクス（LSE）国際開発学部の市民社会および人間の安全保障研究ユニットが、2001年から2012年にかけての研究成果をまとめたグローバル市民社会年鑑2012年版による定義を引用しておく。これによれば、グローバル市民社会は、「国家の社会、政治、経済の境界を超えて、おもに家族、市場、国家の制度的複合体のあいだに位置する、思想、価値、組織、ネットワークそして諸個人の領域である」と定義され、グローバル市民社会が、人々、組織、そしてそれらが代表する価値や思想に関わるものであることが強調される[10]。

(2)　日本における市民社会組織の憲法上の位置づけ

NGO は、法人格を持たない任意団体[11]、NPO 法人、一般社団・財団法人あるいは公益社団・財団法人に該当する団体であり、政党のように「議会制民主主義を支える不可欠の要素」であるとか、「国民の政治意思を形成する最も有力な媒体」[12]であるとか、日本国憲法が想定する統治構造のなかに位置づけられているものとは、未だいい難い。一部、NPO 法や消費者契約法によって、一定の機能や権限を与えられているものはあるが、規範形成過程における位置づけ、という意味では、ほとんど事実上のものにとどまっている。大柴亮は、NGO と他の団体とを区別する4つの基準を挙げ、政治権力の獲得を目的としない点で NGO と政党とを区別している[13]。なお、大柴によれば、NGO は、公共性のある非営利的目的の実現を掲げる点で、特定グループの利益実現を主目的とする利益団体、圧力団体、営利企業と区別され、財政的および人的に政府から自立している点で、官庁が設立した公益法人や外部団体とは区別される[14]。そして、メンバーシップが一般人に開放されている点で、会員資格が特定の人間・団体に限定されている労働組合や財界・業界組織とは区別される。

(3)　市民社会組織の機能

NGO 等市民社会組織は、法規範形成過程にどのように関与しているだろうか[15]。第1に、法令・命令等の制定・改廃への関与が挙げられる。パブリックコメント、法案の市民案の作成、国内ネットワークの構築、ロビイング等、立法前のプロセスへの関与が中心となろう。直近では、性犯罪に関する刑法改正をめぐる動きが注目を集めた。2019年3月の4件の無罪

判決[16]を受け、国際人権 NGO ヒューマンライツ・ナウ（HRN）、一般社団法人 Spring、同 Voice Up Japan など性犯罪に関する刑法改正を求める11の団体でつくる「刑法改正市民プロジェクト」により、法務大臣への要望書および刑法改正を求める署名目録提出、国会議員へのロビイング、市民の声を集めるキャンペーン、フラワーデモがなされた。要望書は、2017年7月に施行された刑法一部改正法の附則9条に基づく法制審議会の部会または検討会の設置、刑法改正の議論の実施、議論の場への性暴力被害当事者やその支援に携わる者の参加を求めるものであった。法改正の内容としては、国際水準に即した「①不同意性交等罪の創設、②性交同意年齢の引き上げ、③地位関係性を利用した性犯罪規定の導入」[17]が提案された。被害者の視点に立った性犯罪規定の改正を求める社会の要望を受けて、2020年4月、法務省内に、被害者心理・被害者支援等関係者、刑事法研究者、実務家を構成員とする性犯罪に関する刑事法検討会が設置され、約1年の検討を経て、2021年5月21日に「取りまとめ報告書」が公表されたものの、これに対して、HRN は、「被害者の視点に即した具体的な制度改正の提案が結実しないまま終了」との見解を示し、不同意性交等罪、若年者性交等罪、同意不能等性的行為罪、同意不能等性交等罪などの導入を内容とする刑法改正私案の公表、法制審議会に対する継続的な働きかけ等を行なっている。こうした市民社会の動きは、SNS で拡散されるだけでなく、メディアでも大きく取り上げられ、比較的広範に社会に認知されるに至った。2023年6月、不同意性交等罪、16歳未満の者に対する面会要求等罪等を定める改正刑法と性的姿態撮影等処罰法（性的な姿態を撮影する行為等の処罰及び押収物に記録された性的な姿態の影像に係る電磁的記録の消去等に関する法律）が成立した。

　第2に、条約の署名・批准に向けたキャンペーン、パラレルレポートの作成（子どもの権利条約、障害者権利条約など）[18]、条約の実施・普及への取り組み、批准前の国内法整備プロセスへの参加[19]といった態様による、条約の署名・批准等への関与が挙げられる。たとえば、障害者権利条約に関連して、2022年9月、はじめて国連の権利委員会による審査が行われ、総括所見・改善勧告が公表された。審査に先立って権利委員会に提出される政府の報告書と障害者団体や日弁連が作成するパラレルレポートについては、「パラレルレポートが示す実状と、政府報告書に大きなギャップが見受けられる」（キム・ミョン副議長）との指摘もあり、個人通報制度を導入していない日本においては、課題を発見・整理・指摘し、改善案を提案すること

を通して、実体法だけではなく、救済制度や救済手続法の整備のきっかけをつくる、パラレルレポートの意義は大きい。

　第3に、訴訟を通じた制度の改廃に関与する場合が挙げられる。一部の認定を受けたNPO法人は、消費者契約法に基づく適格消費者団体として訴訟の原告となることができるものの、日本では、NGO等の団体の原告適格は大きく制限されている。これに対して、EUでは、加盟国の国内訴訟法よりも、NGOの原告適格が認められやすく、市民や環境NGOが、気候変動対策が不十分であるとして、国家さらには企業に対する責任を求め、加盟国の国内裁判所だけではなく、EU司法裁判所および欧州人権裁判所に、気候変動訴訟を提起している。また、個人データの保護に関しても、EU一般データ保護規則（GDPR）を受けて、各加盟国において、団体訴訟の拡充を図っている。日本では、NGOの関与は訴訟のサポートにとどまっており、日本人とフィリピン人の間に生まれた子どもたちを支援する特定非営利活動法人JFCネットワークがサポートした国籍法違憲判決[20]のほか、自由人権協会では、レペタ事件をはじめ、多くの著名な裁判に関与している。

　ここまで見てきたような活動のあり方から、NGOの機能としては、以下のものが導出されよう。まず、問題提起・政策提言機能である。グローバル化は、NGO等の政策提言機能を強化し、多様性や専門性といった規範起業家（norme entrepreneurs）としての資質や機能を向上させていることが指摘されている。また、市民や調査能力をもたない組織に対する情報提供機能もある。たとえば、先に挙げたパラレルレポートは、調査機能をもたない条約機関にとって、有用な情報源になっていることが指摘されている。さらに、市民社会の役割を、「国家と市民との仲介」ではなく、「市民を動員」に見出す見解もある[21]。なお、動員（mobiliser）とは、「主義主張または変化のために集団行動を通じて市民を結びつける行動」をいう[22]。たとえば、フランスでは、2021年の法で、《organisations de la societé civil》（市民社会組織）という用語が使われ、CSOのイニシアチブ権（droit d'initiative）を前提とする規定が置かれた[23]。Coordination SUD（国際連帯のために活動する182のNGOの調整組織）によれば、かかる権利は、国際連帯組織としての性格に直接由来するもので、イニシアチブ権のもとで、市民社会の意志から発せられる行動、プロジェクト、プログラム、戦略が主導される、とされる[24]。

3．市民社会組織のパラドックス

(1)　市民社会組織の正統性

　NGO 等が機能を拡張・強化するにつれ、その正統性や代表性に大きな疑問が呈されるようになってきている。国連憲章に NGO の地位を明記したのは、かかる問題に応答する意味合いもあった。そこで、正統性について、次に検討する。

　まず、そもそも正統性が問題になるのは、ある社会的システムの存在やその決定を当該個人の自己決定によらずに受け入れねばならない状況に限られる、との指摘がある[25]。NGO 等の活動の多くは、政治的な決定の前後のプロセスに集中しており、そこから即座に国家主権／国民主権や代表制民主主義への懸念が生じるものではない。また、政治的決定の前後への団体の関与そのものは、グローバル化に固有の問題ではなく、法人の政治活動の自由[26]や、そこに外国人が含まれるなら、外国人の政治活動の自由、あるいは NGO 等の専門性が高い場合には、専門家統治の問題[27]、逆に議員立法にありがちな規範性の乏しい立法[28]といった問題など、これまでにも議論されてきたテーマに還元することができる。

　さらに、NGO 等の市民社会組織は、意思決定者ないし共同意思決定者 (co-décideur) になりたがっているわけではない、ということも指摘されている。NGO は、規模、代表する利益、政治的立場などさまざまであり、一概にはいえないが、政策立案に貢献すること、諮問を受けること、自らの意見が考慮されているかどうかを確認すること、意思決定の策定に参加すること（専門家が、大臣キャビネや議会委員会から諮問を受けるような方法で）を通して、政治的な機関として政治プロセスにおける一定の役割を担うことを志向している、と分析されている[29]。

　では、何についての正統性が問われているのか。まず、「市民社会のコンセンサスとしての世界標準の基本的価値」が、自然と、あるいは NGO 等の普及活動を通して、代表制の外で社会に定着していくことに対する危機感があると思われる。しかし、国内の既存の規範や制度の基礎となっている価値とは異なる価値が、国際 NGO 等によって提言されるような場合、その新たな価値を認めて新たな政策を決定するのは意思決定権者であり、NGO 等による提案はどこまでいってもオルタナティブの提示でしかないのではないか、とも考えられる。NGO 等の市民社会の意義は、新しい発展モデルやオルタナティブな社会のあり方を提示することに見出され、そ

のなかで、NGOの活動も、途上国での難民支援、開発支援だけではなく、開発教育、政策提言、国内難民支援、国際ネットワークの構築へと展開してきた[(30)]。さらにいえば、もちろん、固定すべき価値観もあり、それが何かは憲法学にとって極めて重要な問題ともいえるが、流動性は価値観に内在している。たとえば、「家族という共同体に中における個人の尊重についての認識」というのは、何か大きなモーメントがあったわけではなく自然と変容してきたものであり、特に人々の生活に密着している領域、たとえば、安楽死・尊厳死に関する考え方であるとか、家族のあり方、タトゥーについての意識など、その変化の要因はグローバル化に限られない。

　他方で、裁判所が司法権の行使として国内における実定法化を「ショートカット」[(31)]して、国際的な規範や基準を組織の当事者に直接に適用する場合、「従来の自己統治観念を前提とした『主権・自律権アプローチ』」[(32)]を主流とする憲法学のもとでは、グローバルな市民社会組織が政策形成過程に関与する場合よりもはるかに大きな問題が提起され[(33)]、準拠法を選択する裁判官の役割の重要性が際立つ。何を法源として選択可能か、ここにいう法源とは何か、といった論点については、すでにトランスナショナル人権法源論を巡る議論が活発になされているところである。

　次に、とりわけ「民主的正統性」の欠如を強調する論者は、民主政の閉鎖性を前提とした上で、「われわれ」に異質なものが混じっては、真に民主的とはいえない、という主張を展開する[(34)]。フランスにおいても、その極端なものとしては、市民権を「自国生まれ」と限定的に捉え、民主政における「われわれ」にはそれ以外の者を含めないという排除のポピュリズム論者がみられる。そうすると、「主権・自決権アプローチ」は、場合によっては「防波堤」というより、かえって攻撃的にもなり得るのではなかろうか[(35)]。

　他方で、選挙制度や議会制度などの諸制度は、それぞれの国ごとに決定される必要があり、たとえば人間の尊厳という理念のように、簡単に国境を越えることができない。人権アプローチは、水平的なネットワーク型公共圏を多元的に形成するガバナンスイメージとして魅力的に映るが、主権国家が、主権者自らによる選択に留保すべきあるいは留保するのが望ましい領域の画定は、主権国家における統治権行動の形式の態様を対象とする憲法学の主要な課題として残るだろう。

　「正統性」をめぐる議論状況を受け、国際機関においては特に、市民社会組織を制度化する傾向が見られる。上述したフランスの2021年法も、制

度化の事例として見ることができる。他方で、制度化された組織が「市民社会組織」といえるのか、たとえば資金の提供を受けるような場合に、当該組織が公的機関と異なる利益を選ぶことができるのか、といった批判もなされている。実際、南アフリカの開発 NGO の中には、権威と資金獲得のために国家に事実上編入される NGO も見られ、こうした NGO は、資金調達のための「上向きのアカウンタビリティ」に注力しがちな点が批判されている。これを捉えて、ドナーと地域住民のブローカーとしての NGO とまで言われることもある。また、国家からの一定の統制を受けることをもって正統性を調達しようとするあまり、非公開のガイドライン、いわゆる行政規則を市民社会組織に適用する例も指摘されている。こうした状況をとらえて、市民社会組織のパラドックスと称している。

(2) 多元的な正統性

では、どのように NGO の正統性を調達するか。広く展開されているのは、その専門知識と価値観に根拠を求める見解である。加えて、たとえばアムネスティインターナショナルなどの大きな組織においては、各国代表の選出手続きなど、「選ばれた」という点を重視する、手続的な正統性をも要求している。こうした正統性の多元性を、Frank Petiteville は、規範的なもの、政治的なもの、手続上のもの、運用上のものの連鎖として説明する[(36)]。規範的な正当性とは、平和、開発、人権、環境などの擁護する目的が世界的に共有された信念に基づいており「世界の公共財」として確立されるかどうか、に着目した正統性の調達、政治的な正統性とは、多様性のある市民社会を代表する能力の有無に求められる。手続上の正統性とは、意思決定プロセスの公平性、法的根拠の有無、透明性の観点から、そして、運用上の正統性は、自らの任務を履行する能力、自らが公言する基準を遵守する能力、国家の行動に関連する付加価値を示す能力、効率性から調達される。この正統性の連鎖により、より強固な正統性が担保されるとしながらも、国際的な組織でさえ、これを全て兼ね備えている組織は少ないとされている。

また、国際機関に関わる NGO の正統性については、その根拠を、誰を代表しているか、という代表性に求めるような「神話」は追い払われるべき、としたうえで、国政政治学の分野において1970年代初頭に相互依存との関係で論じられたグローバル・ガヴァナンス論を持ち出し、ここで求められている正統性の中身は、「一国の政府の場合のように、その支配、統

治の正統性の根拠ではなく、グローバル・ガヴァナンス・プロセスにおける顕著な役割（distinct role）にNGOが参加することの正当性」であるとの主張もある。ここでは、「決定」の正当性なのか、「参加」の正当性なのか、何の正当性を問うのか、という視点が、議論の前提として要求されている。

4．まとめにかえて

フランスの議論状況を見ると、市民社会組織ないし市民社会を、てこ（levier）すなわち小さい力を大きい力に変える道具・原動力として捉えているようである。小さい声を捉え、ネットワーク構築を通して対話を推進すること、国家機関主導の政策形成過程と相互に影響し合いながら、全体としてプロセスを構成していくこと、そのプロセスにおける役割がおおむね肯定的な評価を得ている。法的に対応する必要のある課題に対応して、こうしたプロセスが国境を越えるような場合には、グローバルな立憲主義に基づいたルール形成と行動プロセスをどう実現するか、というトランスナショナル・ガバナンスの議論が生じる。

そこで、最後に、トランスナショナル・ガバナンスに委ねることができる領域と、国家に留保される領域との線引きが可能か、若干の検討を加えて、まとめにかえたい。フーコーは、人間や社会の状況などに関する諸科学が提示する規格や標準としてのノルムと一般的な規範理念や道徳観念を基礎とする形式的・抽象的言説形態をとる法（規範）とを区別し、現代社会において、統計学的・科学的な調査・研究からある一定の数値や事実の集合を導く人々すなわちノルムを導出する人々を「専門家」に分類した。専門家の示す数値や事実は、行政機関や裁判所の判断の材料、根拠となり得る。これが法解釈や法の運用面で個別的に現れると、それが行き過ぎれば、「ノルムによる法の侵食」、「専門知への隷従」となり、反対に合理性ないし妥当性を見出すことができる場合には、「ノルムの受容」、「専門知の活用」と評価される[37]。すでに、国際標準化機構によるISO規格など、一定のゴールを定め、それに向けた取り組みを要求することはなされており、トランスナショナル・ガバナンスに委ねることになじみやすい領域のように思える。

他方で、公権力の創出とその統制[38]および民主的な諸制度の確立は、主権国家ごとの選択に委ねられる。とりわけ民主的な諸制度の確立に関して、「市民が相互承認を求めてNGOなどの水平的なネットワーク型公共圏を多元的重曹的に形成する」という「国家の論理を放棄した多言的社会秩序

下での市民の論理」においては、「公共性の回路」の不在が指摘されている[39]。例えば、市民社会の代表としての組織である経済社会環境評議会を憲法で規定しているフランスのように、水平的なネットワーク型公共圏としてのプラットフォームを国家が用意する、ということは可能だろう。

　デジタル主権論の一人者 Pauline Turk によれば、デジタル主権は、法的アプローチとしての国家主権、政治的・経済的アプローチとしての経済事業者の主権、そして自由アプローチとしてのユーザーのデジタル主権（情報自己決定権）によって説明される。第 2 の主権は、まさに、GAFAM などデジタルプラットフォーム、多国籍企業がサイバースペースにおける実質的指揮権、規制力を発揮していることを表し、第 3 は、情報自己決定権ともいうことができる。Turk によれば、自由で自律的な個人が、何を選択するのか、ということについて、国家とデジタルプラットフォームが競争関係にあることになり、個人にとってよりよいサービス——たとえば、プラットフォーム——を提供することに国家は関心を持たなければならない。ここで提供されるサービスについて、公役務（service public）という用語が用いられていることに着目するならば、国家に固有の役割は何なのか、というのが、デジタル主権をめぐる課題のなかで強調されている。法のグローバル化という現象の前で、主権・自己決定アプローチを批判的に捉えるのではなく、そのアプローチだからこそ、国民の権利保障に資するような、統治構造の設計提案が期待できるのではないだろうか。市民社会の構成員は、必ずしも国家の構成員とは限らない。主権と市民の関係、市民と国籍の関係について、本稿では、十分な検討を加えることができなかった。今後の課題としたい。

　　【付記】本研究は、JSPS 科研費（基盤研究（C））（課題番号21K01152、研究代表小川有希子）の助成の成果の一部である。

(1)　浅野有紀「序論　グローバル化と法学の課題」同ほか編著『グローバル化と公法・私法関係の再編』（弘文堂、2015年）1 - 2 頁、藤谷武史「グローバル化と公法・私法の再編——グローバル化の下での法と統治の新たな関係」同333頁。

(2)　山元一『国境を越える憲法理論——〈法のグローバル化〉と立憲主義の変容』（日本評論社、2023年）249頁以下。

(3)　棟居快行「グローバル化社会と憲法」山元一ほか編著『グローバル化と法の変容』（日本評論社、2018年）53 - 68頁。

(4)　毛利聡子『NGO から見る国際関係——グローバル市民社会への視座』（法律文化社、2011年）4 頁。ジョン・フリードマンによる定義も参照。フリードマンによれば、「広義には政府機関でも企業でもない、民間非営利の組織全体をいう。

　　民間非営利組織（NPO）に近い概念であるが、NPOが営利企業との違いを強調
　　するのに対し、NGOは政府機構の一部ではないことを強調する傾向をもつ。国
　　連では社会福祉団体、労働組合、助成団体、経営者団体、専門家団体、宗教団体
　　など広範な分野に関わる民間組織のことをNGOとよんでいる」「狭義のNGOは、
　　大衆組織と異なり、農漁民や都市貧困者自身がつくる組織であるというよりは、
　　そうした人々を外から支援する組織である」ジョン・フリードマン著（斉藤千宏
　　＝雨森孝悦監訳）『市民・政府・NGO――「力の剥奪」からエンパワーメント
　　へ』（新評論、1995年）12頁。

(5)　大橋正明＝利根川佳子『NPO・NGOの世界』（放送大学教育振興会、2021
　　年）21頁。

(6)　植村邦彦『市民社会とは何か――基本概念の系譜』（平凡社、2010年）。

(7)　吉田克己「総論・現代『市民社会』論の課題」法の科学28号（1999年）11頁、
　　同『現代市民社会と民法学』（日本評論社、1999年）107頁以下、同「序論――社
　　会構成原理としてのcivilと法の基本思想としてのcivil」水林彪＝吉田克己編著
　　『市民社会と市民法――civilの思想と制度』（日本評論社、2018年）7-9頁。大
　　村敦志も、吉田の整理にほぼ対応する複数の市民社会概念を挙げている。大村敦
　　志「フランスの市民社会と民法・覚書――現代日本の民法学の観点から」同書
　　150-151頁。

(8)　「国家・市場・市民社会の三元論」という枠組みは、J.L. コーエンやA. アラー
　　トによって提示され、日本の政治学においても、市民社会を政治領域との関係だ
　　けではなく、経済領域との関係においても捉えることの重要性が確認されている。
　　山口定『市民社会論――歴史的遺産と新展開』（有斐閣、2004年）、同「序章
　　『市民社会』問題をアジア諸国の事例から見直す」同ほか編『現代国家と市民社
　　会――21世紀の公共性を求めて』（ミネルヴァ書房、2005年）、毛利聡子「市民社
　　会によるグローバルな公共秩序の構築――社会秩序にもとづく国際秩序の変容を
　　求めて」国際政治137号（2004年）138-156頁。なお、家族、恋人、親友関係など
　　の親密圏との区別も主張されており、①非政府性、②非営利性、③人間関係とし
　　ての公式性の3つの基準を同時に満たす社会活動が行われる領域を「市民社会」
　　として観念し、この意味での市民社会は、NGOやNPOを包摂する概念として
　　捉えられる。坂本治也編『市民社会論――理論と実証の最前線』（法律文化社、
　　2017年）12頁、根岸知代「NGOの理論的分析――国際社会におけるNGOの位
　　置づけ」横浜国際社会科学研究11巻3号（2006年）142頁参照。

(9)　吉田・前掲注（7）9頁。

(10)　Mary Kaldor et al., *Global Civil Society 2012: Ten Years of Critical Reflection*,
　　Palgrave Macmillan. 2（2012）.

(11)　NGOとは、政府から独立して活動する、という組織の性質を表した呼び名
　　であり、直接には法人格とは関係しない。田尾雅夫＝吉田忠彦『非営利組織論』
　　（有斐閣、2009年）13頁。

(12)　最大判昭和45・6・24民集24巻6号625頁（八幡製鉄事件）

(13)　大柴亮「地球公共財とNGO――あらためてNGOの正統性について考える」
　　一橋法学8巻2号（2009年）452頁。

(14)　政府との関係に着目した区別としては、F・バリオス・ビジェーガスによる
　　3つの類型も、示唆的である。ボリビアの社会学者で政治家でもあったビジェー
　　ガスは、ラテンアメリカのNGOを、①現政権の開発モデルと目的に全面的に同
　　調するNGO（準政府型）、②自らは非政治的団体と称しながら、社会的には進歩

的で、政府や野党からの独立を頑なに守る NGO（専門指向型）、③政府と正面から対立し、政治的左翼とつながっている NGO（政治的進歩型）に分類した。ジョン・フリードマン著・前掲注（4）215頁。

(15)　具体例については、以下も参照。拙稿「NGO と政策形成」横大道聡ほか編著『グローバル化のなかで考える憲法』（弘文堂、2021年）312-329頁。

(16)　福岡地久留米支判平成31・3・12（「久留米判決」）、静岡地浜松支判平成31・3・19（「浜松判決」）、名古屋地岡崎支判平成31・3・26（「岡崎判決」）、静岡地判平成31・3・28（「静岡判決」）。4判決の判決内容と問題点に言及する記事として、以下参照。園田寿「3月に続いた性犯罪4つの無罪判決の解き方」YAHOO！ニュース2019年7月5日

(17)　国際人権 NGO ヒューマンライツ・ナウ【声明】被害の実態に沿った法改正という原点はどこへいったのか？ 性犯罪に関する刑事法検討会の取りまとめにあたって」（2021年5月21日）、https://hrn.or.jp/activity_statement/19925/（最終閲覧日：2023年12月31日）

(18)　条約の履行状況の審査過程における NGO の役割について、江島晶子「国際的な人権保障システム──人権法に向けて」横大道聡ほか編著『グローバル化のなかで考える憲法』（弘文堂、2021年）151-152頁参照。

(19)　杉山有沙＝小川有希子「改正障害者基本法制定への当事者参加の憲法的意義」白鴎大学法政策研究所年報12号（2019年）201-219頁参照。

(20)　最大判平成20・6・4民集62・6・1367（国籍法違憲判決）。JFC ネットワークによるサポートにつき、秋葉丈志『国籍法違憲判決と日本の司法』（信山社、2017年）27-72頁〔初出：同「国籍法違憲判決と政策形成型訴訟」法社会学80号（2014年）243-276頁〕。司法の政策形成機能については、以下も参照した。戸松秀典「2　司法の政策形成機能」芦部信喜編『講座憲法訴訟　第3巻』（有斐閣、1987年）227-259頁。

(21)　Paul LÖWENTHAL ,《Société civile et participation politique: Le cas de la coopération au développement》, Mondes en développement, n°129, 59-73（2005）.

(22)　Oxfam-Magasins du monde,《Les stratégies de mobilisation citoyenne des ONG》, 11 septembre 2019, https://oxfammagasinsdumonde.be/les-strategies-de-mobilisation-citoyenne-des-ong/（最終閲覧日：2023年12月31日）

(23)　連帯の発展と世界的な不平等との闘いに関する計画としての2021年8月4日の法律第2021-1031号（Loi n° 2021-1031 du 4 août 2021 de programmation relative au développement solidaire et à la lutte contre les inégalité s mondiales）2条8項は、次のように規定する。「国家は、南北の市民社会組織並びに連帯の発展及び世界的な不平等との闘いの政策に関与するすべての非国家主体の役割、専門知識及び付加価値を承認する（reconnaître）。デクレに規定する類型に属するフランス又は連携国で設立された市民社会組織は、そのイニシアチブ権の範囲内で、自らが提示する開発プロジェクトのための措置の実施及び、必要に応じて、助成金の供与を受ける。助成金の供与を受けたプロジェクトは、連帯開発政策の目的の達成と世界的な不平等との闘いに参画する」（執筆者訳）。

(24)　Coordination SUD, note de position: Soutenir le droit d'initiative des OSC, septembre 2022.

(25)　原田大樹「第1章　グローバル化時代の公法・私法関係論──ドイツ『国際行政法』論を手がかりとして」浅野ほか編著・前掲注（1）40頁。

(26)　NPO 法人に対する「政治活動」の制限について、横大道聡「『法人』の『政治活動』の自由・再考──公益社団法人・NPO 法人の場合」選挙研究34巻 1 号（2018年）118-131頁参照。

(27)　「グローバルな法源の生成の担い手」が、「世界的な大都市で専門知を操るエリート」であり、「グローバル化現象は、世界的に動ける人々により主導される秩序形成であると考えてみた場合、他方では世界に多数の動くことのできない人々が存在することを忘れてはならない」との指摘もある。新井誠「グローバル化と民主主義」横大道聡編著『グローバル化のなかで考える憲法』（弘文堂、2021年）19-32頁。

(28)　只野雅人「『議員立法』と閣法」公法研究72号（2010年）105頁。

(29)　LÖZENTHAL, op.cit., 59-73.

(30)　重田康博『激動するグローバル市民社会──「慈善」から「公正」への発展と展開』（明石書店、2017年）290-294頁。

(31)　棟居・前掲注（3）61頁。

(32)　「グローバル立憲主義と比較憲法学の展望──『市民社会』志向の憲法学は可能か？」白鷗大学法政策研究所年報第12号（2019年）116頁。

(33)　「民主的正統性をもたない裁判官が、民主的正統性をもたない外国法や国際規範を参照することによって憲法の意味を変えることに対する懸念」（松田浩道）が典型的な批判として挙げられる。加えて、裁判所が外国の──それが日本でもよく知られている国であったとしても──の立法動向を援用することについては、法の予測可能性、法をどう認識するか、といった観点からの問題も提起されよう。

(34)　「民主政には閉じることが必要であり、境界の画定が必要である」とするベンハビブの議論を参照。駒村圭吾「主権と人権──トランスナショナルな立憲主義構想に寄せて」庄司克宏＝ミゲール・P・マドゥーロ編『トランスナショナル・ガバナンス──地政学的思考を超えて』（岩波書店、2021年）188-190頁。

(35)　パスカル・ペリノー（中村雅治訳）『ポピュリズムに揺れる欧州政党政治』（白水社、2023年）参照。

(36)　Frank Petiteville, *Les organisations internationales*, La Découverte, p.45（2001).

(37)　関良徳「法・ノルム・合理性」一橋論叢124巻 1 号（2000年）、同『フーコーの権力論と自由論──その政治哲学的構成』（勁草書房、2001年）参照。他方で、君主の権威や国民の総体といった抽象的・擬制的性格によって、その正統性が担保される法の普遍的・抽象的言説としての法は、一定の恒久性と普遍性をその効果の前提とし、絶対的な価値・規範を提示する、としている。

(38)　山田哲史「グローバル化時代における憲法・立憲主義の生存戦略」論究ジュリスト38号（2022年）39頁。

(39)　石川健治「承認と自己拘束──流動する国家像・市民像と憲法学」『講座現代の法 1・現代国家と法』（岩波書店、1997年）31頁以下。

（おがわ・ゆきこ）

春季研究集会シンポジウムまとめ

司会：大野友也（愛知大学）／小西葉子（高知大学）

1．全体への質問

横大道聡会員（慶應義塾大学）　山田会員が最初に整理された「法多元主義とグローバルな公法構想」のなかで、各報告内容はどこに位置づけられるのか。更に、それらの位置づけに対する山田会員の評価についても伺いたい。

報告者（小畑）　山田報告は、一元論についてケルゼンをベースにしていたが、山田報告のイメージは、上下関係で把握されるというよりは、有機的な一元構造をなしていて、しかしそれぞれの中に器官があって相対的な自律を保っているというセルの一元論のイメージに近い。ただ、実際の国際法現象を見ると、国内社会も照らし出すような非常に強い光として規範がすでに成立している。

　更に「人権条約の法」は、その中核部分に人類の共通規範への呼びかけという共通性ないし一般性を含み、それを国内法でどう受け止めるかということは、それぞれの国家の決定によるが、現在の状況では全く国家の恣意で決定することはできない、というのが私の認識だ。

報告者（齊藤）　私が申し上げたことは、山田報告で扱われた論点とはレヴェルが違い、位置づけられない。

報告者（小川）　私の報告は、日本の憲法の立憲主義という秩序の中での説明を模索したものであり、山田報告の法多元主義とグローバルな公法構想の中に位置づけようとしたものではない。ただ、正統性の連鎖というところでは、実体的価値にも踏み込むグローバル立憲主義論の要求内容を手続的規律に限定するグローバル行政法論は結局、いろいろなコンセプトを多元的に用いている。

報告者（山田）　私の報告は、総論の総論であり、それを特に日本国憲法の側から見たときに、基本的価値にかかわるような平和主義とか人権保障とか民主主義というところで、外とどうつながるのかという点について、お三方のご報告でご検討いただいたと理解している。

江島晶子会員（明治大学）　憲法の立憲主義ないし国内の憲法秩序（レジーム）がまずあって、グローバル化ゆえに外から影響が及んでいるという認識は妥当か。

報告者（山田）　憲法ありきみたいな話は、少なくとも私は一切していない。

報告者（齊藤）　ご質問の趣旨をどのような観点から見てお答えするかによってお答えの仕方は非常に多様にある。歴史的な順番の問題として考えるのか、つまり事実の問題として考えるのか、ものごとの考え方の問題として考えるのか。ただ、どれが妥当かは、今定まっていない。

報告者（小川）　私はその認識を起点に発生する課題について、どう回答するかといったような発想で話を進めていた。しかし、それが妥当かと言われると、ほかの見方も当然ありうる。

2. 山田報告について

江藤祥平会員（一橋大学）　デジタル立憲主義がグローバル立憲主義に将来的に発展していく可能性について、どのように考えるか。

報告者（山田）　必ずしも私がグローバル立憲主義に立脚するものではないが、特にレジーム憲法論からすると、デジタルプラットフォーム企業を、ある種の法秩序ないし憲法秩序と捉える余地は広がる。そのレジームの中で、国家から独立したいという意味でボトムアップに立憲的ともいえるような規律が生じてくる場面もあるだろう。

棟居快行会員（専修大学）　報告者の基本的なスタンスとして憲法とか国際法の視点にとらわれすぎていないか。民法的な発想というものを考慮に入れるべきではないのか。

報告者（山田）　国際私法にも言及をした以上、民法学者的な発想も考慮に入れて論じる必要があったかもしれない。民法学者的発想と国内裁判官の発想というのは、親和性がある。棟居会員は以前から、公序良俗という形で裁判官がいろんなものを取ってきてしまうのではないのかという指摘をしておられ、個人的には非常に共感を覚えるが、そういうことを言ってしまうと危険だという見方が学界内では強いのだろうという認識もある。

松平徳仁会員（神奈川大学）　普遍性要請と国民国家的な物語性を両立するものと捉えているのか。

山元一会員（慶應義塾大学）　「二つの立憲主義のアフェクション」を対等に対立させることができるのか疑問がある。

報告者（山田）　二つの日本国憲法観については、あくまで両極として定義して、とりわけ現状ではその間に妥協点を見出すことになるというのが私の視点・主張だ。山元会員から提示された国際法の拘束を被った国民主権という落とし所というのは、抽象的には私も一致してもっているが、その国際法の拘束を被ったという範囲を、具体的にどのように理解するかは多様である。

山元会員　日本の現状理解としてグローバル立憲主義の危険性を強調することは適切ではなく、そのような態度は、グローバルな人権保障、あるいは国際的な人権保障についていい加減な対応を取っている主体と共犯関係に陥っているのではないか。

報告者（山田）　私自身としては日本でどうかということは、直接話していないが、独自性・多様性を強調しすぎる危険性については報告では言及した。山元会員の危惧は少なくとも抽象的なレヴェルでは共有している。

江島会員　個人の立場からすると、グローバル立憲主義によって、個人が自分の権利を守るための手段を、国内法システムだけでなく国際法システムにおいても獲得したことが重要なのではないか。

報告者（山田）　個人を基底とする考え方が、少なくともグローバル立憲主義論に特有な発想とは思っていない。なお最後の思考実験として提示した、「レジーム憲法論を採用した場合、日本の公的機関・公権力がどのようなスタンスをとるのか」という点について、江島会員を含む複数の会員から質問をいただいたが、日本国憲法の解釈として国際的人権へのコミットメントについて、日本国憲法の解釈として導出しうるところである。

手塚崇聡会員（千葉大学）「普遍的・統一的価値」の想定は、グローバル立憲主義との関係ではどのように理解すべきか。

報告者（山田）　国際的人権保障のコミットメントにせよ、その具体的な内容理解にせよ、結局は統一的な枠がある。しかもその枠は、それぞれの機関が考えるしかないのだというのが、レジーム憲法論の発想である。そこに各々の機関が何を構想するのかという点については、濃いものを要求するのか薄いものにするのかという濃淡はある。

大津浩会員（明治大学）　補完性原則は、報告者の構想においてどこに位置づけられるのか。

報告者（山田）　補完性原則を、普遍的な要請だと捉える余地もあるかもしれないが、直接的には EU あるいはその前の EC という枠組みにおいて他の秩序・レジームとの調整のために、実務的な必要性もあり編み出されてきた枠組だというふうに整理することになる。

3．小畑報告について

手塚会員　人権条約の意義・特殊性をどのように捉えるか。

報告者（小畑）　人権条約の法が人権の規範的概念、枠組を中核としており、その実体は人類の共通規範であるということが一番の基本であって、したがって意味収斂のメカニズムが用意されていると理解する。ただし、無変形妥当の承認の根拠として人権条約や地球環境条約の特殊性を強調したわけではない。無変形妥当は国際的に枠づけられている日本国憲法の憲法的決定において、人権条約にはより強く当てはまる。

江島会員　非国家主体、NGO、市民社会の役割、またその関係でソフトローをより積極的に評価し、動態的なプロセスとして把握することが必要ではないか。

吉原裕樹会員（大阪経済法科大学）　カウンターレポートにも意義がある。

報告者（小畑）　意味収斂のメカニズムということでいうと、日本は批准していないが選択議定書手続があり、最近は人権条約機関が出すジェネラルコメントについても、一種のパブリックコメント・システムがある。保護のルールや手続きがある以上、それをまず使うべきだ。カウンターレポートも重要だが、自国の報告書に対する報告書審査手続きにだけ関心を向けるというあり方には大きな問題がある。

大津会員　地方自治体が中央の政府の条約解釈から離れて、独自の人権条約解釈に基づき、人権条例制定など、独自の地域間の国際人権法実施をよくしてきたと考えるが、この見解に対して報告者は批判的立場をとるか。

報告者（小畑）　もちろん批判的立場だ。

大津会員　批判的立場であるならば、結局国内におけるグローバル人権法秩序の実施主体の乱立または多元化をどのように評価するのか。

報告者（小畑）　これは行政法解釈にかかわるような重要な問題だ。神戸大学の島村健氏がいくつかの論考でこの問題を中央機関と下級行政機関との関係で扱っているが、関連して、下級機関あるいは地方自治体が国会ないし中央省庁の条約解釈と離れて、独自に条約を解釈して特定の法律規定を履行しない場合にどうなるか、という問題がある。一般的にいうと、人権法の実施主体の乱立・多元化というのはある最初の局面で、争点化するという点では非常に重要な要素を孕んでおり、これを不当に抑止するということ

はよくないだろうと私自身は思っている。

石川健治会員（東京大学）　「おひさま」理論の法理論的な位置付けについて、小畑説は、「障害者権利条約の間接効力説」を説かれたものと受け取ってよいか。

報告者（小畑）　私自身は棟居会員の客観法説に客観法を強調するという部分では共鳴しつつ、それにとどまらない効果も認めるべきだという点で一線を画した。すなわち障害者権利条約が間接効力しかないというふうにいうつもりはなくて、一般論として言えば、間接効力というか抽象的権利の付与にとどまるが、それは裁判所に与えられた権限の範囲内で人権条約を解釈適用、参照することができるということであれば、その権利にある一定の具体的効果を与えるということは十分あり得るだろう。

菅原真会員（南山大学）　かつての日本の憲法研究者においては、安保条約への警戒感から憲法と条約に関する問題についても小畑報告と趣旨を同じくする議論はあまり盛んでなかったが、国際研究者の立場から日本の憲法研究者に対するこの点の評価について伺いたい。

報告者（小畑）　長谷川正安氏の「二つの法体系」論は、安保法体系が憲法体系に吸収されて終わるというストーリーを描いていたが、ポツダム法体系が憲法体系を生み出したということであれば、本来は2つのものではなかったということになる。米軍の地位は外国法の適用であって、外国法と日本国家法の仕切りを、安保条約あるいは国際慣習法というもので決めているという解釈だ。米軍は日本の領域内におり、単に安保条約ないし米軍が違憲無効だということでは解決しない。

大津会員　小畑理論では基本的にはグローバルな人権法秩序が国内に反映されるときの主体というのは、国際法上はどうしても国家になるところ、今後ますます発展するだろう法秩序というものが、国内に反映するときに国家を入り口としないという、多元的な国際法理論というのは建てうるのか。

報告者（小畑）　国家は重要な役割を果たす。ただ重要な役割を果たすといっても、実際には重要な役割を果たしうる国家とそうではない役割しか果たしえない国家というのがある。国家が一様に特権的な実施、解釈適用主体であるという時代は終わってしまった。ゲームのルールが変わってしまったのだということを十分に認識して、一旦そのゲームのルールに沿って参加しながら、同時にそのルールの歪みを指摘していくということが必要ではないか。

石川会員　第一報告の山田会員の議論においては、抵触法的解決へのシンパシーが表れているように思われる。ドイツのいわゆる人権の第三者効力における間接適用説は、抵触法的である。小畑会員の議論はまさに間接適用説、というか間接効力説と間接適用説なのではないか。

報告者（小畑）　法のグローバル化という現象を捉えると、どうしても抵触法理論的なもので解決しないといけない。そのときに抵触法の理論の中にも強行法規をどう考えるかという問題がある。日本の国内法秩序の中では憲法というのがいわば強行法規としてあり、憲法優位説を前提にすれば大部分の場合が解決できると考えており、そのことが必ずしも裁判所における人権条約の直接適用を否定することにはならない。ただし人権条約の中にある非常にコアな部分との、いわば強行法規同士のバッティングの問題は、既存の抵触法理論では解決できず、少なくとも国際人権の一番コアな部分については

国家法、強行法規にも勝つというふうに考えなければならないのではないかと考え始めている。

4．齋藤報告について

山崎友也会員（金沢大学）　武力攻撃があったと判断する時点につき、従来の着手論から繰上げがあるとすれば、９条の解釈の下で許される繰り上げについて具体的に示してほしい」

報告者（齊藤）　現時点では答えがない。着手論でいえば、国際法上、先制的自衛として禁止されるかという問題しか生じない。

山元会員　本学会では、安倍内閣による９条解釈変更はクーデタに他ならず、旧政府見解の妥当性を強く訴えるべきとの考えが支配的であるようだ。この立場からすれば、いわゆる「三要件」論を前提とした上で、憲法の平和主義に由来する積極的な規律を求めるのは見当外れであり、旧政府見解の回復を求めることになると思われるがどう考えるか。

報告者（齊藤）　その通りだが、旧政府見解の回復を求めるだけでは話は進まない。回復と言うが、現在の政府が採らない解釈を迫る以上、その内容の合理性を積極的・説得的に主張する必要がある。旧来の政府見解の中身についても明確化する必要がある。旧政府見解では、ABC兵器も必要最小限度の範囲内で保有できるとされるが、この旧政府見解でいいのかも検討すべきだ。

手塚会員　９条論について憲法解釈の枠内の議論である必要性を強調していたが、その憲法解釈の枠内での議論と国際規律の発展の関係がわからない。

報告者（齊藤）　憲法解釈の枠内で憲法学者がやるべきことはたくさんあるが、その際に憲法問題だけではなく、国際規律も視野に入れるべきという趣旨である。

江島会員　国際法（天蓋）は単一という前提は、現状の国際社会を前提とすると妥当か。

報告者（齊藤）　国際法が平和を実現しようとしている仕組みの中で、日本国憲法がそこに接続して何らかの位置づけを構想できるという趣旨であり、具体的な国際制度全てを念頭に置いた上で天井が一つという趣旨ではない。

江島会員　国際機関、国際社会に憲法９条がどのように影響を及ぼすか。

報告者（齊藤）　後者について、９条がただちに他国や国際機関に法的な規律を及ぼすという趣旨ではない。軍備や武力行使の規律としての９条を詰めていくことで国際社会の天蓋がよりよく維持され、９条が国際的な軍事力の規制というものを支える規範になるという趣旨である。

城野一憲会員（福岡大学）　米軍との一体化や武力行使に至らない武力による威嚇、FDOなどについてどう考えるか。

報告者（齊藤）　武力行使の一体化については論文を見てほしい。米軍との共同行動については、共同訓練や演習が武力による威嚇に該当する事例があったと思われる。

山元会員　９条と国際法が矛盾した時、どちらが優位するのか。政府が９条の範囲内で核兵器を保有すると言った場合、核兵器不拡散条約と抵触すると思われる。

報告者（齊藤）　憲法と国際法や条約に抵触がある場合は、より広い保障をしている方に従えばよい。９条と国際規律の関係についていえば、９条よりも国際法の方が武力行

使等の制限が厳しい場合それに従うことになるし、それで9条は無効にならない。他方で、9条が日本国憲法にとって主要な規定だとの前提に立てば、9条の規律が国際法よりも緩いというのは問題だというのが報告の趣旨である。自衛戦力合憲説を採ると、9条の規律よりも国際法の規律の方が上回り、国際法にさえ従えばいいということになる。しかしそれだと9条が無意味化してしまい、何のための平和主義かわからなくなる。だが実際、政府はABC兵器の保有は憲法の枠内で可能としており、国際法の方が厳しい。実際にABC兵器保有を検討するならば、異なる解釈が出てくるかもしれない。

5．小川報告について

吉原会員　日本の裁判所は、日本が条約を批准していない問題について、仏・独・米などの立法動向を援用して合憲性審査の判断材料とする場合がある。このような援用は民主的正統性が乏しく、問題ではないか。参考程度であれば問題はないのか。

報告者（小川）　民主的正統性を持たない裁判官が、民主的正統性のない外国法や国際規範を参照して憲法の内容を変えることに対する懸念に共感する。参考程度であればという点だが、その場合そもそも判決文に書く必要性が問われる。結果に影響しているのであれば参考程度ではなく、言及したことにつき説明が必要である。

橋爪英輔会員（常磐大学）　いわゆる条約の自動執行力の問題に対して憲法学的観点からの批判も含めているのか。

報告者（小川）　条約の自動執行力については想定していなかったが、条約の内容次第で裁判所が直接適用できると考える。

吉岡万季会員（中央大学）　「市民」という定義についてあらゆる領域で共通のものが想定されるか。日本政府が想定する市民は何か。

報告者（小川）　市民の観念につき、様々な分類がある。辻村（みよ子）会員（東北大学）の『市民主権の可能性』によると、政治的権利の主体としての歴史的原意に忠実な意味の市民（狭義の市民）、社会の自律的な構成員としての市民（広義の市民）、国籍保持者としての国民と同視される市民（最広義の市民）、国籍枠からも解放された（超国民国家的概念としての）市民（超広義の市民ないし「新しい市民」）などと分類されている。市民社会組織で言う「市民」というのは、少なくとも社会の自律的な構成員としての市民（広義の市民）に分類される。

　後者につき、日本では消費者教育の推進に関する法律が「消費者市民社会」という語を用いる。同法で「消費者市民社会」は「消費者が、個々の消費者の特性及び消費生活の多様性を相互に尊重しつつ、自らの消費生活に関する行動が現在及び将来の世代にわたって内外の社会経済情勢及び地球環境に影響を及ぼし得るものであることを自覚して、公正かつ持続可能な社会の形成に積極的に参画する社会」と定義されている。これは積極的に社会参画するような能動的で自律的な構成員としての市民を想定しているのではないか。他方で、市民社会組織の機能として言及した「動員される側の市民」は、超広義の市民を意味し、これを動員することによって広義の市民にしていくというイメージで理解している。市民という定義があらゆる領域で共通のものが想定されるとすると言葉の意義を失うと考える。

江島会員　NGOの積極的な活動を奨励しつつ、正統性を確保するためには公的制度を

充実させるべきではないか。その点で、日本でまだ実現していない国内人権機関の創設や国際人権条約が有する個人報告制度への参加が挙げられると思うが、どう考えるか。

報告者（小川）　NGO による人権保障が大事なのではなく、人権が保障されることが重要で、NGO は一つの手段に過ぎない。その意味で国内人権機関の創設や個人報告制度への参加に賛成する。だが日本では司法に対する信頼が比較的高く、裁判所の判決ならば受け入れるが、そうでない機関の勧告等は受け入れないという考えもありうる。他方で司法では不十分な面もあるので、そこに対するカバーやそれに対する統制という観点から、独立機関の創設や個人報告制度への参加には大きな意味がある。

手塚会員　市民社会組織の有する正統性を調達できる場面があり、その連鎖により強固な正統性が担保されるとのことだが、国家の役割との関係で、領域の「画定」とされたことにつき、その「画定」する意義は何か。

報告者（小川）　社会保障など、国家がミニマムしか保障しない、あるいはミニマムさえ保障しない場合に民間でカバーする状況があった場合、それは国家の役割を果たしていないのではとの問題意識で国家の役割に言及した。画定によって協働の規制や排除を考えているわけではない。

6．全体への再質問

近藤敦会員（名城大学）　人権保障の国際条約につき自治体も行政機関として義務を負うか。

報告者（小川）　自治体が先導して人権保障をはかるケースは実際にあるし、それを受けて国が動くということもあるだろう。

報告者（小畑）　人権条約は国に実施義務があるが、それは自治体に実施義務がないことを意味しないし、そう読める規定もある。憲法に制限がなければ、自治体にも義務があると考えてよいのではないか。

大津会員　アメリカは人種差別撤廃条約に加盟していないが、ニューヨーク市は独自に市の差別禁止法を制定している。人権条約がない、あるいは人権条約に国が加盟していない場合に、自治体がグローバルな人権法秩序を自覚し、権限の範囲内でそれを実行することは可能か。

報告者（小畑）　それは他にも実例がある。たとえば台湾は国家としての法主体性を持っていないが、国際人権規約等の人権条約を国内法制で実施している。条約の目指すものが人権の規範的概念・規範的枠組みだとすれば、それが人類共通の規範だという了解があり、そのプロセスが様々なところに浸透していく可能性がある。今後それを法理論的にどう説明するかが問題となる。

岩垣真人会員（奈良県立大学）　現状、国家がグローバル空間やローカル空間と関係なく自壊していく過程があるように見える。そのようなコンテクストを踏まえて、現代的な国家の変容・変質過程を考えていくことが必要ではないか。

司会（大野）　今の質問は総括的な内容を含むので、国家のあり方も含めて今回のテーマである「変動する国際社会と憲法——総論」という観点から、各報告者よりコメントを頂きたい。

報告者（山田）　私自身は、国家はなお一般的な民主的正統性を持つ、あるいはそれを

標榜できるものとして残るが、一つのレジームにすぎなくなるという立場をとる。その意味で岩垣会員と似た立場である。今回はそうした新たな構造の中での全体像をスケッチした。グローバルな人権を否定したいのではなく、全体像で、グローバルに人権を守る秩序があり、そこに対する日本国憲法のコミットもあると思っている。基本的に、理念型として国家を軸として国際と国内が切り分けられるようなものではなくなっていると理解している。

報告者（小畑）　国家の強さ・弱さをどう測るかという難問がある。グローバル経済に対して国家は自律的な決定権を失いつつあり、その意味での国家は弱体化している。他方で、ハイポリティクスのような次元の議論において国家は依然として強い。観念的存在ではあるが、国家は非常に強い凝集力を持っている。だが国家が一つの一元的な排他的な団体として自己完結的に規定しているわけではない。そのハイポリティクスを支配する中で戦争犯罪の問題がある。たとえば上官命令の抗弁は原則として許されないが、その場合、中央に従い下士官が行ったとの抗弁は成立しない。そこでは国家という殻を突き破るものがある。その意味では、国家はもはや最終審級としての地位を失っている。政治的にいうと実際の国家は一様ではなく、その類型は多様化しており、その類型ごとに考える必要がある。

報告者（齊藤）　国家の自壊プロセスという極めて限定的なコンテクストに固執するかどうかはともかく、ご指摘の問題意識に関するところでは、非国際的武力紛争の問題に言及した。

報告者（小川）　私が研究を始めたときに、くじ引き民主主義のような多様な民主主義観があるだろうということから入ったが、そこで国家が弱くなるということはあまり考えておらず、むしろ国家が強くなって、ただこの強くあるというのは、国家が一方的に権限を濫用しているとったことではなく、その権限をどのように正当化していくのか、ガバナンスをどう構築していくのかといったところに問題意識を持っている。

司会（大野）　議論は尽きないが、以上で春季研究集会シンポジウムを終了したい。

（おおの・ともや／こにし・ようこ）

第 2 部

各　論

2023年10月 9 日
対面方式（開催校：立命館大学）

環境立憲主義と国際的な環境・人権秩序の相互影響

大 久 保 規 子 （大阪大学）

1．環境立憲主義の台頭

　近年、憲法に何らかの環境規定を置く国が増加し、環境憲法、エコロジー憲法などと呼ばれている[1]。その総数は国連加盟国の過半数に達し、国連環境計画（UNEP）は、このような現象を「環境立憲主義」（environmental constitutionalism）という新しい概念で捉えている[2]。

　環境立憲主義は、21世紀に入り、先進国、途上国を問わず急速な広がりを見せているが、憲法の環境規定は、環境権、自然の権利等の各種権利規定から、国民および国家の環境保護義務、持続可能な発展や予防原則等の基本原則規定に至るまで多岐に及ぶ。また、簡素な環境権規定を置くだけのものもあれば、フランスの環境憲章（2005年）[3]のように環境法の基本原則を包括するもの、エクアドル憲法（2008年）のように日本の各種基本法以上に詳細な規定を置くものもある。そのため、環境立憲主義に関する確立した定義もないが、環境を憲法により保護されるべき対象として認めるという点では一致している。

　また、これら憲法の多くは、第1に、少なくとも環境権を人権として保障している。その背景には、一連の国連人権理事会決議[4]が示すように、気候変動や生物多様性の危機が深刻化するにつれて、環境問題は人権問題であるという認識が深まったことがある。環境権を保障していない国にあっても、公害等の環境破壊による被害が既存の人権（生命に対する権利等）の侵害になりうることは認められている。これに加え、環境の公共性を反映し、コミュニティの権利、先住民族の権利のように、環境に対する集団的権利を保障する国も珍しくない。さらに、最近では、将来世代の権利、自然の権利等について定める憲法・法律が現れており、環境に関する権利の拡大傾向が顕著である。

　第2に、環境およびとくに将来世代や脆弱な立場にある人々の環境権は、伝統的な議会制民主主義を通じた多数決原理だけでは適切に保護できないという認識のもと、1990年代後半になると、「環境民主主義」（environmental

69

democracy）[5]を求める動きが活発化する。環境民主主義は環境分野の参加民主主義を指す言葉であり、「環境問題における情報へのアクセス、意思決定への市民参加及び司法へのアクセスに関する条約」（以下「オーフス条約」という。）（1998年）、「ラテンアメリカ・カリブ地域の環境問題における情報アクセス、市民参加及び司法アクセスに関する地域協定」（以下「エスカズ協定」という。）（2018年）という 2 つの条約や UNEP の「環境事項に関する情報アクセス、市民参加及び司法アクセスに係る国内立法の発展に関するガイドライン」（バリガイドライン）（2010年）が採択されている。現在では、両条約の加盟国のみならず世界各国の憲法・法律に環境に関する参加権規定が設けられている。

　第 3 に、1992年の「国連環境開発会議」（地球サミット）以降、途上国においても環境法が整備されるようになると、環境法における執行の欠缺の是正という観点から、とくに環境司法の重要性が重視されるようになった。2002年の「持続可能な開発に関する世界首脳会議」（ヨハネスブルクサミット）で採択されたヨハネスブルク原則では、司法が環境法の発展と執行強化に重要な役割を果たすことが改めて確認された。UNEP は、「環境上の法の支配」（environmental rule of law）という新たな概念を提唱し[6]、国際自然保護連合（IUCN）も環境上の法の支配に関する世界宣言（2016年）を採択している[7]。2016年には、各国の裁判官によりグローバル環境司法協会が設立され、裁判官のキャパシティビルディングの促進等、UNEP と連携した活動を行っている。これらの動きは、環境裁判所の設立、環境訴訟規定の整備等、各国における環境公益訴訟の整備・運用にも大きな影響を及ぼしている。

　このように、環境権、環境民主主義、環境上の法の支配を特徴とする環境立憲主義の台頭は、各種の国際文書・国際活動の発展と各国の法整備の相互影響によるところが大きい。以下、これまでの環境立憲主義の展開を辿り、今後の方向性を展望する。

2．環境権の承認と伝統的な自由権の拡大

(1)　環境権の国際的承認

　環境権、集団的権利、将来世代の権利、自然の権利、伝統的な人権の保護範囲の拡大等、環境をめぐる権利は世界的に大きな発展を遂げているが、そのなかでも特筆すべきは環境権の国際的承認である。環境権は、実体的権利と手続的権利から成り、このうち手続的権利が情報アクセス権、参加

権および司法アクセス権という3つのアクセス権から構成されることについては国際的な共通理解がある。これら手続的権利については、環境民主主義の核心ともされているため次節で取り上げることとし、本節では実体的環境権に焦点を当てる。

国連人間環境会議（1972年）から50周年の節目となる2022年に、国連総会において、清浄（clean）で健全（healthy）かつ持続可能な環境を享受する権利を人権として認める旨の環境権決議（以下「環境権決議」という。）（A/RES/76/300）が採択された。1992年の環境と開発に関するリオ宣言は、「自然と調和しつつ健康で生産的な生活を送る権利を有する（entitle）」ことを第1原則として定めていたが、環境権決議は、「entitle」に代えて「right」という用語を用いてその権利性を明確にした。その背景には、環境危機が深刻化するにつれ、環境権を認める国際条約や憲法・法律が増加していることがある。

まず、環境条約においては、オーフス条約およびエスカズ協定が、環境権を認めている。

次に、地域的人権条約について見ると、「人及び人民の権利に関するアフリカ憲章」（アフリカ憲章）（1981年）、「経済的、社会的及び文化的分野における米州人権条約の追加議定書」（サンサルバドル議定書）（1988年）およびアラブ人権憲章（2004年改正）が環境権規定を置いている。そのほか、東南アジア諸国連合（ASEAN）人権宣言（2012年）にも、環境権が盛り込まれている。

さらに、個別の人権条約について見ると、直近では、国連子どもの権利委員会の「気候変動に焦点を当てた子どもの権利と環境に関する一般的意見26」（CRC/C/GC/26）（2023年）が注目される。同意見は、とくに生命・生存・発達に対する権利（6条）、到達可能な最高水準の健康に対する権利（24条）、相当な生活水準に対する権利（27条）、教育に対する権利（28条）および自然環境の尊重の育成（29条）規定を参照し、子どもの権利条約は環境権を認めていると解釈できるとする。また、同条約上の権利（意見表明の権利（12条）等）が、環境悪化によって脅かされたり、環境との関係で子どもたちの権利を守るために重要な役割を果たしたりするとして、各国が何をしなければならないかについて具体的に示している。

(2) 世界各国における環境権の承認

1976年に世界で初めて憲法に環境権規定を導入したのはポルトガルで

あった。とくに1990年代以降、憲法により環境権を保障する国が増加し、すでに110カ国に達している。国連人権理事会特別報告者の2019年末の報告（A/HRC/43/53）によれば、法律で環境権を定める国や環境権を認める上記の環境条約[8]および地域的人権条約を批准している国も含めると、環境権の承認国は、全国連加盟国の80％以上の国（156カ国）にのぼる。その後、筆者の知る限り、カナダが法律で環境権を保障し、アンティグア・バーブーダ、セントルシア、ベリーズおよびグレナダがエスカズ協定を批准したため、2023年末時点で、少なくとも161カ国が環境権を承認していることになる。未承認国のなかには、4つのG20参加国（日本、アメリカ、オーストラリア、中国）が含まれているが、アメリカでは、複数の州が環境権を認めている。

　もっとも、一口に環境権といっても、その内容は国によって多様である[9]。国連の特別報告者による一連の報告は、各国の環境権規定の内容等を分析し、環境権の実体的要素として、①清浄な大気（A/HRC/40/55）、②安全な気候（A/74/161）、③健全な生態系と生物多様性（A/75/161）、④安全で十分な水（A/HRC/46/28）、⑤健全で持続可能な食糧（A/76/179）および⑥無害な環境（A/HRC/49/53）、という6つの実体的要素を特定し、その具体的内容、国・事業者の義務等を示している。

　これら6つの要素のなかには、清浄な大気や安全で十分な水のように、生命に対する権利等、既存の人権で保護可能と考えられるものもある。そこで、次に、ヨーロッパ人権裁判所の判例を例として、どのような環境被害が伝統的な自由権侵害と認定されているのかを検討する。

(3)　環境分野における自由権の保護

　1950年に採択されたヨーロッパ人権条約には、環境権について明示的な規定は置かれていない。ただし、同条約に加盟している46カ国の多くはオーフス条約を批准しており、実体的環境権を認めていないのは、アンドラ、イギリス、サンマリノ、リヒテンシュタインの4カ国のみである。そのようななか、1990年代後半以降、ヨーロッパ人権裁判所の環境判例が次第に増加し、とくに生命に対する権利（同2条）、私生活および家庭生活の尊重を受ける権利（同8条）が、環境被害からの保護に重要な役割を果たすようになっている[10]。

　ヨーロッパ人権裁判所の環境判例においては、加害行為が国家の行為か私人の行為かを問わず、国家は、一定の場合に同条約上の権利を保護する

ための措置をとる積極的な義務を負うという考え方が確立されている。しかも、国家の保護義務は、危険・リスクの程度に応じた規制を設けること、関連情報を知らせること、法令の規制等の実効的な執行を確保することを含む包括的な内容のものとされている。

　環境事件において初めて同条約2条違反が認定されたのは、39名が死亡したゴミ処分場のメタン爆発事故に関する *Öneryıldız v. Turkey* 判決[11]（2004年）である。本来、条約2条は生命に危険が及ぶ可能性があれば適用される可能性があるが、環境事件で実際に2条違反が認定されたのは、今のところ致死事件のみである。これに対し、同条約8条は、騒音、悪臭、大気汚染等により私生活の質と自宅の快適さが悪影響を受けた場合にも適用が認められるようになっていることは注目に値する[12]。

　その結果、生命に対する権利や私生活および家庭生活の尊重を受ける権利は、部分的に公害分野の環境権ともいうべき機能を果たしている。もっとも、同条約8条の保護範囲は、基本的に公害による個々人の被害であって、かつ、その被害が重大なものである場合に限られており、救済方法も損害賠償による事後的救済が基本である。また、ヨーロッパ人権裁判所の判例は、条約が環境一般を保護したり、文化財や自然に関する個々人の権利を定めたりするものではないという点では一貫している[13]。ただし、最近では、オランダの Urgenda 訴訟最高裁判決（2019年12月20日）[14]のように、条約の保護が気候変動の分野にも及ぶとするものが現れており、今後の展開が注目される。

(4)　日本の立ち位置

　環境権は、もともと激甚な公害を経験した日本で誕生したともいわれている。1970年に東京で開催された「環境破壊に関する国際シンポジウム」において、環境権の確立を求めた東京決議が採択されたからである[15]。しかし、その後、多くの国で環境権が保障されるようになっても、日本では、憲法はもちろん、法律にも環境権の規定はない。環境基本条例等に環境権を定めている自治体は300以上あるが、判例は、環境権の範囲、主体等が不明確であること等を理由に、一般的環境権についてはこれを認めていない[16]。ただし、日本でも、いわゆる個別的環境権については、以前から日照利益、眺望利益等が法的保護の対象となる生活利益、営業利益または財産利益として認められてきた[17]。また、平穏生活権の一環として、一般通常人の感覚に照らして飲用・生活用に供するのを適当とする水を確保する

権利を認める仮処分決定が出されたり（丸森町産業廃棄物処分場事件に関する
仙台地決平成 4 ・ 2 ・28判時1429号109頁等）、国立景観訴訟最高裁判決（最一小
判平成18・3・30民集60巻 3 号948頁）により景観利益が法律上保護に値する利
益と認められたりもしている。

　このように、人格権を通じた環境利益の保護範囲の拡大は日本の大きな
特徴である。その保護範囲が生物多様性にも広がるかどうかは現段階では
疑わしいものの、日本の人格権は環境権の機能を部分的に代替しており、
その意味で、日本の判例はヨーロッパ人権裁判所の判例と軌を一にするも
のである。

　しかし、気候危機、生物多様性の危機が深刻化するなか、気候や生物多
様性を含む権利の確立こそが、環境権が求められる大きな理由の 1 つであ
る。現状においては、多くの環境権規定は抽象的であり、その内容が多様
であることは否定しがたいが、前述の国連の特別報告者による一連の報告
のように、環境権の内容を明確化するための国際的取組みが進んでいるこ
とも確かである。日本が、気候や生物多様性に関する環境権を正面から認
めるのか、伝統的な自由権の拡大によってその保護を図るのかにかかわら
ず、それら国際的取組みや諸外国の経験から学ぶべき点は少なくない。逆
に、日本の人格権に関する理論・判例の成果を国際発信することも重要で
ある。

3．環境民主主義と環境上の法の支配

(1)　参加原則の国際的展開

　「環境と開発に関するリオ宣言」第10原則は、環境問題の解決にはすべ
ての市民の参加が必要であるとし、①情報アクセス、②決定への参加、③
司法アクセスの必要性について定めている（参加原則）。これら 3 つの権利
（以下「アクセス権」という。）は、手続的環境権の構成要素であるとともに、
環境民主主義の構成要素でもある。実体的環境権の内容が多様であるのに
対し、アクセス権についてはオーフス条約とエスカズ協定等によりグロー
バルスタンダードが形成されており[18]、国際法・国内法、国際機関、国内
外の裁判所の相互影響が顕著に認められる。

　第 1 に、オーフス条約には全 EU 構成国に加え EU 自身も加盟しており、
EU 構成国においては、環境情報公開指令等の関係指令と国内法によりア
クセス権が保障されている。もっとも、司法アクセス権に関する条約の規
定のうち、参加の対象となる許認可等以外の環境法規違反行為に関する規

定（9条3項）については包括的なEU指令が採択されておらず、環境責任指令等の個別指令と各国の法令に委ねられている。この点に関し、欧州司法裁判所は、スロバキア熊事件（C-240/09）において、オーフス条約9条3項がEU法化されていなくても、環境団体に原告適格を認めるために国内規定を可能な限り広く解釈することは、EU構成国の義務である旨を判示している。このように、欧州司法裁判所の判例は、オーフス条約遵守委員会の審査所見とともに、車の両輪として同条約の実効性確保に寄与している。

第2に、アクセス権は、環境権以外の人権の保障にも重要であり、ヨーロッパ人権裁判所は、環境の悪化により影響を受ける個人に特定の手続的な権利が発生する可能性を認めている。例えば、金鉱山の採掘に伴うシアン化ナトリウム流出事故に関する *Tătar v. Romania* 判決[19]は、オーフス条約がアクセス権を保障していることに言及し、鉱山の操業許可に係る公開討論において決定の基礎となった調査資料が提供されなかったこと等を理由として8条違反を認定している。

また、オーフス条約は、情報アクセス権の一環として環境上の脅威に関する情報提供についても定めているが（5条1項（c））、同条項は、ヨーロッパ人権裁判所の *Guerra and Others v. Italy* 判決[20]を踏まえたものとされている[21]。本判決は、化学工場の爆発事故に関し、イタリア政府が事前に環境リスク情報を提供しなかったことをヨーロッパ人権条約8条違反であると判示したものであり、オーフス条約履行ガイドでも引用されている[22]。このように、オーフス条約とヨーロッパ人権条約の解釈も、相互に影響を与えていることがうかがえる。

第3に、オーフス条約とエスカズ協定はともに環境分野の市民参加条約であるが、オーフス条約はすべての国に開かれた条約であるのに対し、エスカズ協定は中南米の地域条約である。エスカズ協定は、オーフス条約の20年後に採択された条約であり、その間の展開と中南米の特質を考慮し、アクセス権に加え、キャパシティビルディングと環境問題における人権擁護者について独立した条文を設けたことが大きな特徴である[23]。2021年には、オーフス条約に関しても、環境保護者の保護のために特別報告者への申立ての仕組みが新たに創設されており、エスカズ協定の採択は、オーフス条約にも影響を与えている。

第4に、司法アクセス権の保障は、あらゆる環境法規違反について司法審査が及ぶように確保し、実効的な権利利益の救済と環境上の法の支配の

貫徹に不可欠のものである。タジキスタン等の中央アジア諸国を除き、アジア諸国はオーフス条約に加盟しておらず、またアジアにはエスカズ協定のような市民参加の地域条約もない。しかし、ヨハネスブルクサミットを契機として、例えば、フィリピンでは環境裁判所と環境訴訟規則[24]が設けられ、インドの仕組みを参考に継続的職務執行命令（河川の再生等、判決の内容が完全に実現されるまで、行政に一定の行為の履行を義務付ける命令）が導入されるなど、多くの国において、環境団体訴訟を含む環境公益訴訟、環境裁判所等、環境問題の特質に応じた特別の訴訟制度の整備が進んでいる[25]。

(2)　日本の立ち位置

　日本も、地球サミット以降、あらゆる主体の参加の実現を環境基本計画の長期目標の1つに掲げ、環境教育・環境保全取組促進法の制定等を行ってきたという意味では、参加原則を推進してきたといえる[26]。しかし、市民参加を行政がより良い決定を行うための情報収集参加と捉え、市民の自主的取組みを重視する考え方（ボランタリーアプローチ）が根強い日本では、アクセス権を保障するという権利を基礎とするアプローチ（rights-based approach）が軽視されてきた。

　情報アクセス権については行政機関情報公開法（3条）等が開示請求権を保障しているものの、環境に関する許認可等への参加については、①公害分野のように、そもそも許可制がとられていないもの、②各種のインフラ・開発・事業規制のように、許可制はとられているが参加の仕組みがないものも少なくない。また、処分の名宛人以外の者の参加規定が設けられている場合であっても、従来の判例によれば、例えば、環境影響評価法に基づく参加は参加権を保障したものではないとされている[27]。司法アクセス権の保障についても、とくに行政訴訟の原告適格が狭く解釈されてきた日本において、環境法規違反の行為に関し余すところなく司法審査の可能性を確保するためには環境公益訴訟の導入が不可欠であるが、2004年の行政事件訴訟法改正以降、導入に向けた新たな具体的動きはない。2015年に世界70カ国を対象として環境民主主義指標（EDI）を用いて行われたアクセス権の評価でも、日本は各3点満点中、参加権が1.11点、司法アクセス権が1.47点という低い評価にとどまっており[28]、日本の現状がグローバルスタンダードに適合していないことを裏付けている。

4．今後の展望

　本稿では、環境権、環境民主主義、環境上の法の支配に焦点を当てて、環境立憲主義の国際的到達点を明らかにすることを試みた。しかし、さらに、最近では、これまでの環境法では、環境危機を食い止めることができなかったのであるから、人間と自然の関係を従来の人間中心主義（anthropocentrism）から生態系中心主義（ecocentrism）へと改める必要があり、環境法も、エコロジー憲法[29]、エコロジー法へと転換すべきであるという主張がなされている。その動きを象徴しているのが自然の権利運動であり、2010年に設立された「自然の権利のためのグローバルアライアンス」（GARN）には、約100カ国の5000以上のNGOや個人（研究者等）が参加し、自然の権利に関する法令・判例のデータベースを提供している。現在、自然の権利を認める国は、エクアドル、ボリビア、コロンビア等、中南米を中心とするが、その動きは、ニュージーランド、バングラデシュ、スペイン等、世界各地に広がり始めている[30]。

　世界で初めて憲法で自然の権利を認めたのはエクアドル（2008年）であり、すべての者が自然すなわち聖なる大地（Pacha Mama）の権利の執行を求める権限を有すること等を定めている（71条以下）。同憲法の規定は、人は聖なる大地の一部であり、人を含むその構成要素は相互に依存しているという先住民族の世界観を基礎とするが、立法過程ではアメリカの自然の権利条例も参照され、その影響も受けている。自然の権利の実効性確保については憲法裁判所が重要な役割を果たしており、マングローブ、川、森等の権利主体性を認める一連の判決を下している。例えば、ロスセドロス訴訟判決[31]では、自然の権利侵害を理由に保護林における鉱業活動の禁止を認めるなど、権利侵害の判断基準について判例が形成されつつある。

　また、コロンビアの憲法や法律には自然の権利規定は設けられていないが、憲法裁判所は、多くの先住民族が居住するアトラト川流域の鉱害被害に関する2016年のアトラト川訴訟判決[32]において、違法な鉱業活動により先住民族の伝統的な生活および周辺の生態系が被った被害の総体を「生物文化権」（biocultural rights）の侵害として捉え、生態系中心主義および民族多元主義の考え方に立ってアトラト川の権利主体性を認め、川の保護者としてアトラト川委員会を設立すること等を命じた。自然に権利を認めたうえで、先住民族やコミュニティ代表等から構成される保護委員会等を設けて管理する方式は、ブラジルのグアジャラミリム市等の自然の権利法にお

いても参照・採用されている。類似の方式は、本判決以前にニュージーランドのテ・ウレウェラ法（2014年）で導入されており、スペイン等、他の地域の自然の権利法にも影響を与えている。

　自然の権利の主体、内容、救済方法等は多様であるが、原告適格の拡大を目指した以前の自然の権利論とは異なり、環境公益訴訟が普及した現代においては、各種の開発行為等にあたり、環境利益をより適正に反映させるという実体的要請が強調されている。もっとも、自然の権利を認めない場合でも、環境損害制度の導入等により同様の目的を達成できる可能性はあり、国や地域の特性に応じた多様性を認めつつ、それぞれの革新的な知見を共有・発展させることにより環境危機に対応することが求められている。

　このようなダイナミックな国際的展開は、生物多様性を含む環境権も、環境公益訴訟も認めない日本の現状とはかけ離れたものであり、両者の乖離は益々広がっているように思われる。その理由として考えられるのは、第1に、人格権の範囲外とされている自然・生物多様性の法的価値付けの弱さである。1967年の旧公害対策基本法の経済調和条項は1970年に削除されたが、例えば、自然公園法の財産権尊重、国土の開発その他の公益との調整規定（4条）は、基本的に1957年制定当時（旧3条）のまま残されており、自然の利益は、財産権・経済活動の自由やインフラ整備の利益等の比較衡量に際し、劣位とみなされがちである。

　第2に、東南アジアには ASEAN があるものの、アジア地域において EU 環境法のような独自の法体系は存在せず、エスカズ協定のような地域的な環境・人権条約も採択されていない。また、日本の裁判所が環境条約や関連するガイドライン等を参照・適用し、または海外の法制度を参照して環境法の解釈を行うことは稀である。日本は、2021年の国連人権理事会による環境権決議（A/HRC/RES/48/13）に際して棄権にまわり、国内外の批判を受けて2022年の国連環境権決議には賛成したものの、裁判所も政府も、環境・人権をめぐる国際的な動向に疎い。

　第3に、アクセス権の保障や法の支配は、持続可能な開発目標（SDGs）16に位置付けられており、環境分野に限られない課題であるが、政府の SDGs アクションプランを見ても、事業の多くは途上国支援に関わるものとなっており、カーボンニュートラルのような具体的課題に比して、ガバナンスの問題を自国の問題として捉えるという認識が欠けている。

　日本の改革の手がかりとなるのは、国際的には、日本が加盟している環

境条約の展開である。例えば、生物多様性条約とオーフス条約の事務局は従来から密接に連携しており、「昆明・モントリオール生物多様性枠組」（2022年）も、先住民族・コミュニティ等の参加を重視している。また、最近、国連アジア太平洋経済社会委員会（ESCAP）がアジア地域における環境分野の参加原則の推進にようやく目を向け始めており、国連欧州経済委員会（UNECE）や国連ラテンアメリカ・カリブ経済委員会（ECLAC）がオーフス条約やエスカズ協定の成立に大きく貢献したような機能を果たせるかどうかも注目される。

　国内的には、環境の価値の重み付けを法的にどのように高めることができるかが課題となる。中南米では、新憲法に詳細な環境規定を置くことによって従来の環境法の機能不全を改善するという試みがなされているが、法律の実効性の違いを考慮すれば、日本では憲法改正が必須とはいえない。条例レベルでは環境権を認める自治体が少なからずあること、再生エネルギーをめぐり地域の自然資源の管理と利用への市民参加に関心が集まっていることに鑑みれば、参加権については、条例の規定を強化し、全国的にその動きを広げていくという方法も考えられる。ただし、その場合であっても、環境公益訴訟のような司法アクセス権の拡大には、法改正が不可避である。アメリカ、ブラジル等、基礎自治体レベルの条例等の展開も参考としつつ、多様な方策を模索することが重要であると考えられる。

(1)　例えば、藤井康博『環境憲法学の基礎――個人の尊厳に基づく国家・環境法原則・権利』（日本評論社、2023年）508頁以下参照。
(2)　UNEP, *New Frontiers in Environmental Constitutionalism,* 2017; UNEP, *Judicial Handbook on Environmental Constitutionalism*（3rd edition）, 2019.
(3)　江原勝行「フランスの環境憲章制定をめぐる憲法改正について――環境権と集団の人権享有主体性との関連に関する一考察」早法80巻3号（2005年）325頁以下、淡路剛久「フランス環境憲章について」ジュリ1325号（2006年）98頁以下参照。
(4)　A/HRC/RES/44/7, A/HRC/RES/45/17, A/HRC/RES/45/30 and A/HRC/RES/46/7.
(5)　See, e.g., M. Mason, *Environmental Democracy: A Contextual Approach,* 1999.
(6)　UNEP, Decision 27/1, 2013. See also, UNEP, Environmental Rule of Law: Critical to Sustainable Development, 2015〈http://wedocs.unep.org/bitstream/handle/20.500.11822/10664/issue-brief-erol.pdf?sequence=1&isAllowed=y〉（last accessed on 1 January 2024）.
(7)　IUCN World Declaration on the Environmental Rule of Law, 2016〈https://www.iucn.org/sites/default/files/2022-10/world_declaration_on_the_environmental_rule_of_law_final_2017-3-17.pdf〉（last accessed on 1 January 2024）.

（8）　ただし、オーフス条約の加盟国であるイギリスは、その批准に際し、同条約が保障する権利は手続的権利に限定される旨の宣言を行っているため、国連調査の環境権承認国には含まれていない。

（9）　大久保規子「環境権の国際的展開」環境と公害52巻 3 号（2023年） 2 頁以下参照。

（10）　大久保規子「ヨーロッパ人権裁判所における環境判例の展開」人権判例報 5 号（2022年）17頁以下およびそこに掲げた文献参照。

（11）　Judgement of 30 November 2004, ECHR Application No. 48939/99.

（12）　*López Ostra v. Spain*, Judgement of 9 December 1994, ECHR Application No. 16798/90; *Fadeyeva v. Russia*, Judgment of 9 June 2005, ECHR Application No. 55723/00; *Grimkovskaya v. Ukraine*, Judgment of 21 July 2011, ECHR Application No. 38182/03; *Cordella and Others v. Italy*, Judgment of 24 January 2019, ECHR Application Nos. 54414/13 and 54264/15; *Tătar v. Romania*, Judgment of 27 January 2009, ECHR Application No. 67021/01.

（13）　*Kyrtatos v. Greece,* Judgment of 22 May 2003, ECHR Application No. 41666/98.

（14）　*State of the Netherlands v. Urgenda Foundation*, ECLI：NL：HR：2019：2007, Hoge Raad, 19/00135. また、ドイツの判例の展開について、松本和彦「気候変動防止と異時点の自由保障」島村健＝大久保邦彦ほか編『環境法の開拓線』（第一法規、2023年）446頁以下参照。

（15）　S. Tsuru, Proceedings of International Symposium: Environmental disruption, 1970, International Social Science Council, p. 319. 宮本憲一『戦後日本公害史論』（岩波書店、2014年）209頁も参照。

（16）　名古屋新幹線訴訟に関する名古屋地判昭和55・ 9 ・11判時976号40頁等。

（17）　世田谷区砧町日照妨害訴訟に関する最三小判昭和47・ 6 ・27民集26巻 5 号1067頁、横須賀野比海岸事件に関する横浜地横須賀支判昭和54・ 2 ・26下民集30巻 1 ～ 4 号57頁等。

（18）　参加原則の詳細については、大久保規子「総論——参加原則の国際的展開と日本の課題」環境法政策学会誌22号（2019年） 3 頁以下参照。

（19）　*Tătar v. Romania*（fn.12）.

（20）　Judgment of 19 February 1998, ECHR Application No. 14967/89.

（21）　高村ゆかり「原子力発電所事故と情報に対する権利－情報に対する権利の国際的保障の展開をふまえて」環境と公害43巻 3 号（2014年）58頁参照。

（22）　UNECE, *The Aarhus Convention: An Implementation Guide*（second edition）, 2014, p.99.

（23）　エスカズ協定については、大久保規子「エスカズ協定の意義と展望——ラテンアメリカ・カリブ地域における参加原則の展開」環境法研究15号（2022年）47頁以下参照。

（24）　大久保規子「フィリピンにおける環境訴訟改革——2010年環境訴訟規則を中心として」阪法64巻 3 ＝ 4 号（2014年）835頁以下参照。

（25）　大久保規子「環境行政訴訟の現状と改革の方向性——国際的基準から見た日本の課題」現代行政法講座編集委員会編『現代行政法講座 III 行政法の仕組みと権利救済』（日本評論社、2022年）121頁以下参照。

（26）　大久保規子「環境基本法と参加原則」環境法政策学会誌17号（2014年）29頁以下参照。

(27)　石垣空港訴訟に関する東京高判平成24・10・26訟月59巻6号1607頁、辺野古訴訟に関する福岡高那覇支判平成26・5・27裁判所 Web 等。

(28)　大久保規子「環境民主主義指標（EDI）の意義と課題」環境と公害46巻3号（2017年）38頁以下参照。

(29)　See, e.g., L. Collins, *The ecological constitution : reframing Environmental Law*, 2021.

(30)　大久保規子「自然の権利の国際的展開」前掲・島村＝大久保ほか編・前掲注（14）3頁以下参照。

(31)　Corte Constitucional del Ecuador, Sentencia No. 1149-19-JP/21, November 10, 2021.

(32)　Corte Constitucional, Sentencia T-622/16, November 10, 2016. 同判決については、大久保規子＝チアゴ・トレンチネラ＝山下英俊「進化する自然の権利訴訟——エクアドル、コロンビアにおける判例の展開」環境と公害53巻1号（2023年）51頁以下参照。

（おおくぼ・のりこ）

グローバル化する企業活動と憲法

——「ビジネスと人権」が憲法にもたらすインパクト

金 子 匡 良 （法政大学）

1．問題の所在

　主権国家体制のもとで政治権力の行使が国境の内側に押しとどめられる一方、経済活動の国際化は加速度的に進展し、現代社会ではヒト・モノ・カネが容易に国境を超えて流通し、グローバル経済が形成されている。この流れを担ってきたのは国境を越えて活動する企業であるが、企業活動のグローバル化は企業活動に伴う負の影響をもグローバル化することとなった。国外での環境汚染や労働力の搾取などがその代表例であり、企業によるこうした“人権侵害の輸出”がかねてより深刻な問題となっている。とりわけ冷戦終結後の1990年代以降、このような事象がクローズアップされるようになり、ナイキやアディダスといった有名ブランド企業が、発展途上国で「搾取工場」(sweatshop) と称される劣悪な労働環境で労働者を酷使していたことが明らかになった事例や、世界的大企業であるシェルがナイジェリアのオゴニで行った大規模な環境汚染と先住民への迫害が、国際的な非難を浴びた事例などが記憶に新しい。

　政治権力が国境内に限定されている限り、企業によるこうした国外での人権侵害行為に対して、その企業の本社が置かれている先進国の規制権限は及びにくい。これがガバナンス・ギャップと呼ばれる問題である。そこで、1970年代以降、国際的な枠組みでこれに対処しようとする試みが重ねられてきた[1]。例えば、1975年から始まった「国連多国籍企業行動綱領」の策定を目指した動きや、1990年代に取り組まれた「国連人権に関する多国籍企業及び他の企業の責任に関する規範」の定立を目指す動きなどがあったが、いずれも企業からの反発や国家間の意見の相違が原因となって日の目を見ることはなかった。

　こうした挫折を経て国際社会が辿り着いたひとつの方法論が、ソフトローを用いて企業活動の自主的な矯正を求めるという仕組みづくりであった。その端緒になったのは2000年に発足した国連グローバル・コンパクト

(UNGC) である[2]。労働、環境、人権、腐敗防止を内容とする10の原則からなる UNGC は、これに賛同する企業が自主的にこの10原則を実践することを国際社会に誓うという、いわば紳士協定的な取り組みであるが、好事例の学び合いを通じて、企業自らが社会的責任に対する自覚を高めていくという仕組みは、その後の同種の取り組みのモデルとなった。

こうした取り組みの集大成として2011年に生まれたのが「国連ビジネスと人権に関する指導原則」である[3]。この原則は、①人権を保護する国家の義務、②人権を尊重する企業の責任、③救済へのアクセスという３つの内容で構成されており、このうち②の企業の責任として、（a）企業活動を通じて人権に悪影響を引き起こすこと、およびこれを助長することを回避し、影響が生じた場合は対処すること、（b）企業がその影響を助長していない場合であっても、取引関係によって企業の活動、商品又はサービスと直接関連する人権への悪影響を予防又は軽減するように努めることが求められている。

そして、この責任を履行する具体的な方策として特に重視されているのが、人権デューディリジェンスの実施である。人権デューディリジェンスとは、企業がサプライチェーンにおける人権への影響を特定・予防・軽減するために、人権への悪影響を調査・評価して、調査結果に適切に対処するとともに、対処方法に関する情報発信を実施するという一連の流れを指す。この手法は、企業の経済的自由を尊重しつつ、企業に社会的責任の自覚と実践を求めるというものであり、企業が公表する人権デューディリジェンスの実践状況を、投資家や消費者がそれぞれの投資行動や消費行動の判断基準に組み込むことで、人権と市場原理との接合を図るという意義を有するものとなっている。それは経済活動に人権価値を組み入れた新たな資本主義、新たな市場経済の構築を模索する取り組みともいえる。

このような国際社会におけるソフトローの発展を受けて、2010年代に入ると、ヨーロッパ諸国を中心として国内的なハードローによって企業の国内外における人権侵害行為の防止や規制が図られるようになった[4]。2015年に成立したイギリス現代奴隷法を皮切りに、フランス企業注意義務法（2017年）、オーストラリア現代奴隷法（2018年）、ドイツサプライチェーン法（2021年）などが制定され、2023年には EU の企業サステナビリティ・デューデリジェンス指令案のドラフトが策定・公表され、より実効性のある法規範の確立が模索されている。これらの法令においても、人権デューディリジェンスが重要な政策手法として取り入れられている。

2000年代以降に急速に進展したこのような流れを本稿では「ビジネスと人権」と総称することにするが、この「ビジネスと人権」をめぐる動向は、憲法および憲法学とどのように関わるのであろうか。

2. 「ビジネスと人権」に対する憲法学の反応とその要因

上に述べた「ビジネスと人権」への国際的・国内的な取り組みに対する学問的関心は、経営学や国際政治学等の分野で強く、法学分野では国際法学とりわけ国際人権法学が強い関心を示してきた。一方、人権保障の基礎法たる憲法を対象とする憲法学は、「ビジネスと人権」が人権保障に直結した取り組みであるにもかかわらず、必ずしもこれに多くの関心を寄せてはこなかった。その要因を考えるとき、そもそも憲法学の伝統的な思考枠組みでは「ビジネスと人権」を捉えきれないことがわかる。

(1) 人権の対国家性という思考枠組み

近代憲法の思想的淵源を探るとき、ロックの説いた自然権論や社会契約論がその根幹あることは論を俟たないであろう。自然権を確保するために社会契約によって政府を設立するというロックの構想は、必然的に国家主家と国民主権を前提とした人権保障、すなわち国境の枠内での人権保障に帰結する。そこでは、政府に信託された国家権力の濫用による人権侵害を抑止・救済するための人権論が基本となるがゆえに、人権はあくまでも国家に対抗するための権利と位置づけられる。したがって、企業が引き起こす人権侵害や国境の外側で生じた人権問題は、そもそも近代憲法の枠組みには含まれない埒外の問題となる。このような人権の対国家性という思考枠組みの下では、当然に「ビジネスと人権」への関心は希薄にならざるをえない。

(2) 人権の私人間適用という思考枠組み

上に述べたこととも関連するが、近代憲法は人権の対国家性に重きを置くがゆえに、人権を実定化した憲法上の権利は、私人間には直接適用されないと考えられてきた。私人間の人権問題は、憲法上の人権によってではなく、私法や社会法に定められた法律上の権利によって解決する他はなく、したがってそれは憲法上の問題とはならず、あくまで法律上の問題でしかない(5)。それゆえ、「ビジネスと人権」で問われる企業による人権侵害も、憲法上の問題には含まれず、民法、商法、労働法、社会保障法等の枠内で

論じられるべき問題、換言すれば民主主義的なプロセスの中において形成されるべき法政策の問題であり、直接的に合違憲が問われる問題とはならないのである[6]。このことも憲法学を「ビジネスと人権」から遠ざけている要因のひとつに挙げられるであろう[7]。

(3) 人権の法規範性や救済方法に関する思考枠組み

憲法学は伝統的に実定法規範としての人権に重きを置く傾向が強いといえる。その背景には、法を実定法に限定することによって、法学の科学性を確保しようとする法実証主義的思考の影響や、人権救済の中心を裁判所による司法救済に置き、裁判規範たりうる実定法のみが適用可能な人権規範であると考えるという司法救済中心主義的な思考があると思われる。この結果、「ビジネスと人権」で多用されるソフトローによる人権規範の定立や、人権デューディリジェンスのような企業の自主的な人権尊重活動とそれを促す政府政策による人権救済には関心が向けられなかったと推察される[8]。

(4) 「ビジネスと人権」が憲法学にもたらすインパクト

以上のように、従来の憲法学の基本的な視座、すなわち思想的淵源たるロック的自然権論や社会契約論、その延長線上にある国家主権論や国民主権論、国境で区切られた旧来の立憲主義[9]、および司法救済を人権救済の中心的な手法と捉える司法救済中心主義から見ると、「ビジネスと人権」は憲法問題ではなく、他の法領域の問題、あるいは単なる社会問題や立法政策上の問題としてしか認識されないことになる。これが「ビジネスと人権」に対する憲法学の関心の希薄さにつながっているといえる。

では、グローバル化した企業活動と憲法との接点を見出し、憲法学の中に「ビジネスと人権」を位置づけるにはどのようにすればいいのであろうか。ひとつの方向性は、「ビジネスと人権」を包摂することのできる新たな視座を憲法学の中に取り込むことである。換言すれば、国内法指向・実定法指向・司法救済指向を緩和ないし超越した新たな憲法理論の可能性を探ることによって、そこに「ビジネスと人権」を論じる余地を見出すことができるであろう。そのための試みとして注目されるのが、近年、山元一教授や江島晶子教授らによって提唱されているグローバル立憲主義論である[10]。国際的な人権規範の取り込み、あるいは国際的な人権規範への憲法の開放を説くグローバル立憲主義論に立った憲法理論を構築できれば、

「ビジネスと人権」も憲法学の中に足場を築くことができるであろう。グローバル化の中で顕在化した「ビジネスと人権」の問題は、憲法とは何か、何であるべきか、何であり得るのかという問いを憲法学に突きつけているといえる。

3．憲法と経済秩序

　「ビジネスと人権」と憲法との関係性を論じるに際しては、そもそも立憲主義的な憲法はどのような経済秩序を前提にしているのかを考察する必要がある。この点、「特定の経済的〈秩序〉を憲法から直接に引き出すことはできない[11]」との見解もあるが、憲法史的に見れば、19世紀的な自由国家的な憲法が経済的自由の尊重に重きを置いた自由放任的な経済秩序を指向していたのに対して、20世紀的な社会国家的な憲法は、経済的自由を社会的に拘束されたもの、あるいは社会的公共の見地から積極的に規制しうるものと捉えてきた。もちろん、こうした方向性の違いは、憲法から直接導き出されたものではなく、憲法の範囲内における政策的な選択の問題に過ぎないともいえるが、現代的な立憲主義のもとでは、経済的自由の尊重と社会的・経済的弱者の生存の確保との間におけるバランスを重視し、何らかの形で両者の均衡をとることが、憲法の目指すべき経済秩序であると考えられてきたことは否定できないであろう。問題は、そのバランスをとる際の支点をどこに置くかである。

　これに関し、憲法と経済秩序との関係性に関する類型論として示唆に富むモデルを示しているのが棟居快行教授である。棟居教授は、憲法と経済秩序の関係を、①制度論（ルソー・モデル）、②純粋自然的自由論（ハイエク・モデル）、③折衷論（ロック・モデル）という3つの範型に分類する[12]。①のルソー・モデルとは、法制度が経済秩序をつくるという考え方を指し、一方、②のハイエク・モデルとは、法制度以前に自生的な経済秩序が存在し、これに国家が介入することは原則として禁止されるという考え方である。ハイエク・モデルに則れば、経済における国家の役割は、第三者による財産権侵奪の阻止といった、経済秩序を外部から守ることに限定される。

　この2つのモデルのうち、①について棟居教授は、財産権や私有財産制度は憲法や法律に先行して成立していたものであり、またグローバル化した経済活動を一国の法制度で枠づけることは、もはや不可能であるとして、このモデルを退ける。他方、②についても、国家は財産権侵奪の阻止だけではなく、市場メカニズムの維持という役割を引き受けるべきであるとし

てこれを否定する。

その上で棟居教授が最も妥当とするのが③のロック・モデルである。このモデルでは、経済的自由の前国家性を前提としつつも、法制度は経済秩序の核心部分を確認的に規定し、かつ周辺部分を創設的に規定できるとする。ロック・モデルは、さらに中立的バージョンと価値的バージョンに分岐する。前者は、国家の役割を欺罔行為や暴利行為の禁止といった、物理的安全性に近い意味での法的安定性の維持に限定する。他方、後者の価値的バージョンでは、国家が憲法を頂点とする国法秩序の価値に照らして、契約内容の正当性を判断できるとする。棟居教授は、このうち価値的バージョン、すなわち「『法的安定性』が、契約内容の妥当性をも含み『契約正義』が憲法を頂点とする国法秩序の価値に照らして判断され、契約内容が公権的に修正されうる[13]」ことに肯定的であり、また、このバージョンは、人権の私人間適用における間接適用説や、私有財産制度を財産権保障のための制度的保障とみるという憲法学の通説・判例の立場にも合致するという。

棟居教授の類型に則して考えると、ロック・モデルの価値的バージョンが示す憲法と経済秩序の関係性が、従来の憲法学の通説的解釈論に最も適合的であり、かつこのモデルは憲法史的に見た社会国家的な立憲主義にも適合する。加えて、このモデルを「ビジネスと人権」に当てはめて考えれば、「ビジネスと人権」が憲法秩序の中に位置づけを得ることができるようになる。人権は憲法秩序の中核をなすがゆえに、ロック・モデルの価値的バージョンにおいて契約内容を規制することのできる「正義」の核心を成すといえる。そのように見れば、「ビジネスと人権」は価値的バージョンのロック・モデルを具現化した取り組みといえよう[14]。

4．経済立憲主義

近年、人権や民主主義、法の支配といった立憲主義的な価値を他の分野にも敷衍しようとする試みが隆盛している。環境保護の分野に立憲主義的価値を応用することを主張する環境立憲主義や、デジタル空間の立憲主義的価値による統制を目指すデジタル立憲主義などがその代表例であるが、それらと同様に、国内外の経済活動・企業活動に立憲主義的な統制を及ぼすことを提唱するのが経済立憲主義（economic constitutionalism）である。

経済立憲主義の主唱者のひとりであるイギリスのニール・ウォーカーは、憲法と経済との関係性の史的展開を分析し、両者の関係性を6つのモデル

に類型化する[15]。ウォーカーによれば、憲法と経済の関係に関する認識モデルとして最初に登場し、そして現在でも強い影響力を持っているのが、①派生モデル（derivative model）と称される考え方であるという。このモデルでは、憲法は民主主義、人権、法の支配といった価値秩序によって政治権力を統制することに重きを置き、経済的権力や社会的権力の統制は等閑視されてきたとする。憲法にとって経済秩序は派生的・従属的なものであり、憲法自身はそれに直接には関与しない。それゆえ憲法は、原理的には資本主義をはじめとして、あらゆる経済体制を受容可能であるとする。

　憲法と経済との関係において、派生モデルとは真逆の発想をするのが、進歩史観に裏打ちされた②構成モデル（constitutive model）である。このモデルでは、民主主義、人権、法の支配などの憲法のメタ価値は、経済力と生産手段に依存しており、それらの構成物であると解される。すなわち、経済秩序が憲法秩序に先立って存在するのであり、憲法は既存の経済秩序を記述するものに過ぎないとされる。

　しかし、20世紀に入ると、資本主義国家でも共産主義国家でも、憲法が経済により明確な関心を払うようになっていった。憲法は、経済活動に立憲的価値を持たせることを企図し、経済運営の一般原則を規定するようになったのである。この流れの中で、憲法と経済の関係性を記述する新たなモデルが誕生した。ひとつは、憲法と経済はそれぞれ独立した独自の価値秩序を形成するが、両者は相互に連携しあって存在するという③独立部門モデル（sectoral model）である。もうひとつは、ドイツのオルド・リベラリズムと社会的市場経済の概念と結びついた④構築モデル（constructed model）である。このモデルでは、経済秩序の自律性を尊重しつつ、経済活動は法の定める一般原則によって枠づけられ、構築されるべきものであるとし、富の再配分や社会福祉の供給のために経済活動を制約しうることが強調される。

　こうした経済の立憲主義的な枠付けを指向するモデルに対置されるのが、ハイエク主義に代表される⑤優先モデル（prior model）である。このモデルでは、法の定立と解釈における経済秩序の規範的優位性を強調し、法制度は行為主体の経済的自由を最大化するとともに、利己的な経済合理性の追求を可能にするような条件を整備しなければならず、それ以外の社会政策的な配慮は二次的なものとして扱われる。

　この優先モデルに対するアンチテーゼとして登場したのが⑥置換モデル（supplantive model）である。このモデルは、1980年代以降の新自由主義の

世界的な拡大が、立憲主義に置き換わろうとしていると警鐘を鳴らし、経済的な制度設計における立憲主義の規範的優位性を強調する。このモデルの支持者たちは、経済成長を重視してきた現代的な資本主義は、世界的な不平等や移民の増加、環境悪化などの弊害を生み出し続けているとして、その傾向の是正を主張する。

ウォーカーの示す6類型のうち、①の派生モデルは、先に挙げた石川教授の認識、つまり憲法は経済秩序からは中立的であり、特定の経済秩序と結びつかないという考え方に近く、立憲主義の原意には最も忠実なものということができる。そうであるがゆえに、「ビジネスと人権」はこのモデルにおいては憲法の中に位置づけを得ることができない。②の構成モデルはマルクス主義的な思考枠組みに立っており、資本主義国家の立憲主義とは接合しづらい。③の独立部門モデルと④の構築モデルは、いずれも憲法秩序と経済秩序の関連性や連動性を示すものであり、とりわけ④は棟居教授の説くロック・モデルに近く、それゆえ日本の通説・判例との親和性が強いと思われる。「ビジネスと人権」がこのようなモデルの中に定位可能なことは先述のとおりである。

ウォーカーの類型化の特徴は、立憲主義の歴史、あるいは憲法と経済との歴史的関係性の動態に今日的な問題意識を照射し、1980年代以降の新自由主義の跋扈とそれに対するアンチテーゼを関係性のモデルに取り込んだことであろう。⑤の優先モデルは棟居教授のいうハイエク・モデルと同じ類型であるが、単なる自由至上主義ではなく、それを背景に拡大した新自由主義の下で生じた弊害を意識している。これは「ビジネスと人権」が必要とされるに至った時代状況と合致し、「ビジネスと人権」の思考枠組みとは真っ向から対立するモデルといえる。そうであるがゆえに、優先モデルへのアンチテーゼに位置づけられる置換モデルは「ビジネスと人権」に最も合致するものといえよう。経済秩序に対する立憲主義的な規範の優位性を強調するこのモデルは、民主主義、人権、法の支配といった憲法秩序を経済秩序の中に取り入れることを求める経済立憲主義的なモデルであり、「ビジネスと人権」はそれを具体化する取り組みのひとつとして位置づけることができるであろう。

経済立憲主義の具体的な内容を考える上で参考になるのが、経済法の目的たる公正な競争秩序と、憲法の目的たる立憲主義的価値、すなわち民主主義、人権、法の支配との接合を目指すネオ・ブランダイス主義の主張である。経済法上の公正な競争秩序については、かつてはこれを反トラスト

や独占の防止といった市場競争における企業間の公正かつ対等な関係性と捉えるという立場が主流を占めていたが、1970年代後半になると、取引の自由の確保による消費者厚生の最大化であると捉え直されるようになった。そして、2000年代に入るといわゆるネオ・ブランダイス主義が勃興し、経済主体の自律性の維持や所得格差の是正、あるいは熟議民主主義の維持など、経済法における公正性の意味合いが拡大している[16]。ネオ・ブランダイス主義の特徴は、経済法の目的である「公正な競争秩序」の中に、政治的・社会的な目的を読み込むことにあるが、そこに民主主義、人権、法の支配といった憲法秩序を含めれば、まさに経済立憲主義と軌を一にすることとなり、「ビジネスと人権」がその中に確固とした位置を得ることになる。ネオ・ブランダイス主義的な考え方に共鳴する憲法学者も少なくなく、例えば、山本龍彦教授は、経済法秩序の中に「自由競争＋α」の「公序」が憲法ランクで保障されていると考える余地があることを指摘し[14]、また木下昌彦教授は「経済法は、憲法秩序のもとでは、主権者厚生＝憲法的価値を保護するという憲法的意義をも併せ持つ」とし、山本教授と同じく経済法秩序の拡張を志向する[15]。「ビジネスと人権」が強調する企業の社会的責任、とりわけ企業が人権デューディリジェンス等を通じて人権保障に取り組む責任が「自由競争＋α」のα部分の公序として憲法から導かれるのであれば、「ビジネスと人権」は憲法の中に足場を築くことができるといえよう。

※本稿は、JSPS 科研費 JP19H01441、JP23H00754の研究成果の一部である。

(1)　こうした動向について、菅原絵美「企業の社会的責任と国際制度——『ビジネスと人権』を事例に」論究ジュリスト19号（2016年）参照。

(2)　UNGC の内容やその意義については、江橋崇編著『企業の社会的責任経営——CSR とグローバル・コンパクトの可能性』（法政大学出版局、2009年）に所収の各論稿、および大西祥世「企業・国連・政府の協働による人権の実現——国連グローバル・コンパクトの具現」法学志林110巻1号（2012年）が参考になる。

(3)　ビジネスと人権に関する指導原則については、菅原絵美「国連ビジネスと人権に関する指導原則の登場と展開」法の支配204号（2022年）、山田美和「『ビジネスと人権に関する国連指導原則』は企業行動を変えるのか——国家の義務と企業の責任」法律時報95巻1号（2022年）参照。

(4)　各国の動向については、越田崇夫「諸外国の人権侵害制裁法」レファレンス858号（2022年）参照。

(5)　この法理の徹底化を主張するのが、いわゆる無適用説であり、近年、有力に主張されている。その代表的論者である高橋和之教授は、無適用説こそが憲法の対国家性という観念に最も合致すると説く（高橋和之「人権規定の『私人間適

用』と『第三者効力』」法律時報84巻5号〔2012年〕)。

(6)　ただし、企業を国家に準ずる「権力」と捉えれば、それに対抗するための人権論は憲法理論の射程に含まれることになる。例えば、三並敏克教授はこの文脈で「企業権力からの自由」を説く(三並敏克「企業と人権」ジュリスト1244号(2003年)、同『私人間における人権保障の理論』〔法律文化社、2005年〕)。

(7)　このことを強調する論考として、大西祥世「グローバル化と人権」国際人権33号(2022年)参照。

(8)　2008年～2010年にかけて刊行された中山信弘編集代表『ソフトロー研究叢書』(有斐閣)1巻～5巻には、民法、経済法、国際法、知的財産法、租税法、商法、会社法等に関する論考が収められているが、憲法に関するものはない。法学セミナー776号(2019年)の特集「ソフトローによる法形成のフロンティア」にも、憲法に関する論考は含まれていない。憲法学者によるソフトロー研究としては、法学教室497号(2022年)の特集「条文ではない法規範──ソフトローとは何か」に所収された大西祥世「ビジネスと人権」が数少ない例といえる。

(9)　立憲主義の国境限定性を早くから問題視し、以下で述べるグローバル立憲主義の日本における先駆けとなった論考として、江橋崇「日本国憲法の効能──一国立憲主義を超えて」思想755号(1987年)参照。

(10)　山元一「世界のグローバル化と立憲主義の変容」憲法理論研究会編『対話的憲法理論の展開』(敬文堂、2016年)、および同論文も所収された山元のグローバル立憲主義論の集大成として、山元一『国境を越える憲法理論──〈法のグローバル化〉と立憲主義の変容』(日本評論社、2023年)、江島晶子「権利の多元的・多層的実現プロセス──憲法と国際人権条約の関係からグローバル人権法の可能性を模索する」公法研究78号(2016年)、同「法多元主義と国際人権法──多元的・非階層的・循環的な人権保障システムの可能性」日本法哲学会編『法多元主義──グローバル化の中の法 法哲学年報2018』(有斐閣、2019年)、齊藤正彰「憲法の国際法調和性と多層的立憲主義」北星論集52巻2号(2013年)および同論文を所収した齊藤正彰『多層的立憲主義と日本国憲法』(信山社、2022年)等参照。なお、グローバル立憲主義の主張は、元々は国際法学から提起されたものであった(須網隆夫「グローバル立憲主義とヨーロッパ法秩序の多元性──EUの憲法多元主義からグローバル立憲主義へ」国際法外交雑誌113巻3号〔2014年〕、最上敏樹「国際立憲主義批判と批判的国際立憲主義」世界法年報33号〔2014年〕、伊藤一頼「国際法と立憲主義──グローバルな憲法秩序を語ることは可能か」森肇志・岩月直樹編『サブテクスト国際法』〔2020年〕等参照)。それは憲法学の「方法論的ナショナリズム」に対する問題提起ともいえるものであったが、このような国際法学からの問題提起に対して、大方の憲法学説は「塩対応」ないしは「無関心」であるといわれる(横大道聡「グローバル立憲主義?」横大道聡ほか編『グローバル化の中で考える憲法』〔弘文堂、2021年〕13頁以下)。

(11)　石川健治「契約の自由」大石眞＝石川健治編『憲法の争点』(有斐閣、2008年)147頁。

(12)　棟居快行「憲法と経済秩序──解釈理論上の問題の所在」『憲法学の可能性』(信山社、2012年)47頁以下。

(13)　棟居・同論文54頁。

(14)　ただし、棟居教授の議論はあくまで国内法秩序を対象にしたものであり、国際的文脈に直接的に応用できるものではない。棟居教授はグローバル立憲主義的な論調に否定的であり、そもそも立憲主義とグローバル化は接合不可能であると

　批判している（棟居快行「グローバル化社会と憲法」、および同「グローバル化が主権国家にもたらすもの」『憲法の原理と解釈』〔信山社、2020年〕207頁以下、221頁以下）。

（15）　Neil Walker, Where's the 'e' in constitution?: A European puzzle, in Economic Constitutionalism in a Turbulent World（Achilles Skordas, Gábor Halmai and Lisa Mardikian（eds.））（Elgar, 2023）, p.11 ff.

（16）　ネオ・ブランダイス主義の内容とその意義については、川濱昇「新ブランダイス主義についての覚え書き」法学論叢192巻 1 = 6 号（2023年） 1 頁以下参照。

（14）　山本龍彦ほか「座談会　憲法と競争」法律時報92巻 9 号（2020年） 9 頁、18頁（山本発言部分）。

（15）　木下昌彦「デジタル・メディア・プラットフォームの憲法理論」情報法制研究 9 号（2021年）16頁以下。

（かねこ・まさよし）

グローバル化の進展と重国籍
——日本国憲法第22条第2項の「国籍離脱の自由」の新解釈

菅 原 　 真　（南山大学）

1．はじめに

　従来、国際法上の「国籍唯一の原則」によって、重国籍はのぞましいものではないと考えられてきた。しかし2020年1月の時点において、国連加盟国のうち76.9％の国々が重国籍に対して寛容な国内法を有するに至っている。日本は、国籍法11条1項が国籍自動喪失（剥奪）制度を置いていることから、重国籍に非寛容な国に分類される。しかしながら、「国籍法11条1項違憲訴訟」が提起されるに至り、それと前後して、憲法学説においてはこの条項が違憲であるとする見解が主張され始めている。

　以下、本稿では、まず、世界レベルにおける重国籍の法状況を紹介した上で、次に、その世界的な容認度合が高まった要因を論じる。最後に、「在外国民」の重国籍の発生を防止するために設けられた日本の国籍法11条1項の合憲性をめぐり、とりわけ憲法22条2項の「国籍離脱の自由」の新しい解釈動向について検討する。

2．世界各国における重国籍許容国の拡大

(1)　マーストリヒト大学2020年調査[1]

　マーストリヒト大学「市民権・移民・開発センター」は、1960年以降、世界各国におけるグローバルな国外移住者の重国籍の法的容認状況に関するデータを収集し、調査・研究を行ってきた。その調査項目は、各国の国内法において、国民が自己の志望によって外国国籍を取得したことによって自国籍を喪失する制度があるか、また国籍を放棄する制度があるか否かであり、それによって各国が重国籍に対して寛容な状況にあるか否かを明らかにしている。最新の調査データは、2020年5月29日公表の「第5版」であり、同年1月現在のデータが公表されている（以下、「マーストリヒト大学2020年調査」とする。)[2]。

(2)　重国籍に関する世界各国の状況

「マーストリヒト大学2020年調査」の対象となった世界195カ国・地域のうち、①「重国籍に寛容でない国」（国籍自動喪失制度を有する国）が45カ国であるのに対して、②「重国籍に寛容な国」は150カ国・地域ある。重国籍に寛容な国が増加したのは、1990年代と2000年代であり、特に中南米における変化は顕著である。世界地域別における重国籍に寛容な国の割合は、「アメリカ（北米・中南米）」が91％、「オセアニア（大洋州）」が83％、「ヨーロッパ（欧州）」が80％、「アフリカ」が70％、「アジア（アジア、中東）」が65％である。

3．世界レベルにおける重国籍に寛容な国の増加の要因

(1)　背景要因としての5つの現象

現在、世界の4分の3の国が重国籍に寛容な国へと変化しているのはなぜか。この点につき、「マーストリヒト大学2020年調査」にあたったM・ヴィンクらは、少なくとも5つの異なる現象が互いに結びつきあいながら機能していると指摘する[3]。第1に、今日では国籍の取得および喪失は「個人的権利」であるとする考え方が受け入れられるようになっている（アメリカ合衆国連邦最高裁判所1967年5月29日判決[4]のように、自己の意思に反してその国籍を奪われてはならないことが強調されるようになっている）。第2に、国籍の取得に関して男女差別が受け入れられなくなっている。国際結婚の当時者たちは、元の国籍を失うことなしに帰化を通じて配偶者の国籍を取得したり、さらに彼らの子供は出生時に自動的に複数の国籍を取得したりする。その結果、重国籍を制限する法律があったとしても、現実には重国籍者の数は益々増加する。第3に、多くの移民送り出し国が、主要な受入れ国の国籍の取得を希望する在外国民からの圧力に直面し、自国の国籍を喪失させることなく重国籍を許容するようになっている。第4に、経済発展や民主化によって内戦が減少したことにより、「二重の忠誠」という考え方は、それが懸念していた根拠を益々減少させている。第5に、諸個人の権利が超国家レベルで定められるようになり、諸権利がもはや国民の排他的特権ではなくなった「ポスト・ナショナル」の世界において、国民国家はその構成員のみに排他的な関係を要求できるという考え方は空虚なものになっているということである。

(2) 国際的拡散とその追加要因

　さらに、M・ヴィンクらによれば、重国籍に寛容な国の増加には、「国際的拡散」と呼ばれる現象が注目されるという。文化的、経済的、政治的親和性を共有する近隣国が重国籍を認め、諸課題に対する適切な解決策となっていることが認識された場合、各国は重国籍を容認する国籍法制を採用する傾向をみることができる。重国籍を早期に確立した国が近隣国に影響を与えた例は多い。

　しかし、この「国際的拡散」が実際におこなわれるにあたっては、追加要因として政治的・経済的背景が必要となる。1990年代初頭以降、南米ではほぼすべての国で重国籍に寛容な制度へと移行しているが、先発国のコロンビア（1991年）、ペルー（1993年）、ブラジル（1994年）と、後発国のボリビア（2004年）、チリ（2005年）との間には、在外国民に重国籍を認めるにあたり10年以上の開きが生じている。その在外国民の重国籍を容認する政治的・経済的背景としては、①在外投票権の導入、②国家の政治体制の型、③移民たる在外国民の経済力という3点が指摘される。まず、①については、スウェーデンやメキシコにおいては、重国籍の容認は、在外国民コミュニティの政治的エンパワーメントに影響された。そこでは、在外国民が投票権によって影響力を行使できるかどうかが重要となる。伝統的に多くの国では、国政選挙権は国籍保持者のうち本国居住者のみに制限されてきたが、在外国民に投票権を拡大した国では、重国籍に寛容な制度へ移行する可能性が高いと考えられている。次に、②については、権威主義的な独裁体制の権力者は、在外国民への重国籍の拡大という政治要求に鈍感である可能性が高いだけでなく、政権に対する反対意見を強化する可能性のあるこうした要求に対して「抵抗」する政治的動機すらある。しかし、民主主義体制の国家では、政党は選挙基盤の拡大に熱心であるため、在外投票権を有する国民の要求をサポートするだけでなく、彼らの市民としての地位を維持するため、重国籍についても支持する可能性が生じる。第3に、在外国民による投票権を通じた政治的影響力に加え、在外国民たる移民の経済力も重要となる。多くの移民送り出し国では、在外国民のコミュニティとのつながりを維持することの経済的価値を認識するようになり、例えばメキシコは、かつては外国籍を取得した者に対し、メキシコ国籍を喪失させるというペナルティを課していたが、現在ではそれを廃止している。ある調査によれば、重国籍に寛容な国から来た移民は、重国籍の権利を保障されていない国の移民よりも送金する可能性が高いとされ、出身国が受

け取る送金レベルが高ければ高いほど、出身国が重国籍の導入を認める方向に進む可能性が高いと考えられている。

4．重国籍と憲法22条 2 項の「国籍離脱の自由」

⑴　「国籍」の意義

自国民と外国人とを区別する基準である「国籍」は、日本の憲法学においては「個人を特定の国家の人的管轄権に服させる法的地位」[5]、「〔憲法第 3 章の〕権利・義務の主体としての『日本国民』の資格」[6]等と説明することが一般的である[7]。判例も、日本国籍は「我が国の構成員の資格」、「基本的人権の保障、公的資格の付与、公的給付等を受ける上で意味を持つ重要な法的地位」であるとする[8]。

しかしながら、「国家の領域内にある限り、国籍の有無にかかわらず国家の領域高権の下にあり、国家の公権力行使に対しては基本的人権を主張しうる」という大前提にたてば、「国家との法的紐帯としての国籍が憲法上で独自の意味を有するのは、領域高権に服していない状態で（領域高権の行使に対する請求権ではなくして）国家の作為を請求できる場合」であるとの指摘[9]は重要である。国籍自働喪失制度の対象は、「在外国民」だからである。

日本国憲法では、第10条と第22条 2 項に「国籍」の文言が明記されている。このうち、第10条は「国籍要件法定主義」を定める。従来、国籍得喪の要件は立法府の裁量判断に委ねられるとされ、血統主義から生地主義に改めることも許されるとし、国会に完全な立法裁量を認めた下級審判例も存在する[10]。その後、最高裁は、国籍取得に関する法律の要件によって生じた区別が合理的理由のない差別的取り扱いになるときは憲法14条 1 項違反になるとの判断を下している[11]。現在では、学説・判例ともに、国籍法には「平等原則等、他の憲法原則に反することのない、全体として合理的・整合的な法制度がとられることが要請される」と考えている[12]。

松井茂記は、近時、「国籍を定める国会の権限は憲法によって大きく制約されている」と主張している。日本国憲法が「日本という政治共同体の不可欠の構成員である『市民』を当然『国民』と想定している」こと、「すべての市民には、日本国籍を享受する憲法上の権利」があり、「憲法10条はその根拠規定と考えるべき」こと、そして日本国民から日本国籍を剥奪することは主権者としての地位を奪うことになることから、違憲審査にあたっては厳格な基準（やむにやまれない政府利益を達成するために必要不可欠か

否か）を適用すべきであると指摘している[13]。「重国籍の防止」が「やむにやまれない政府利益」といえるのか、憲法原則からの検討が求められる。

(2)　国籍法における「国籍唯一の原則」という「理想」

　近代国家における国籍の得喪に関する原則として、国際法学では、（A）「国内管轄の原則」（＝国籍の得喪に関していかなる原則を採用すべきかは、国家主権から直接的に派生する最高度に自律的な機能によって定められ、それは原則として国内管轄事項であるとする原則）、（B）「国籍唯一の原則」（＝人は必ず国籍をもち、かつ唯一の国籍をもつべきであることが要請される原則）、（C）「国籍自由の原則（国籍非強制の原則）」（＝国籍の得喪に関し、個人の自由意思を尊重すべきである原則）という３つがあるとされてきた。

　江川らによれば、（B）の原則が「古くから学者によって唱えられ」てきたのは、「国籍の抵触は種々の不便と困難をもたらす」からである[14]。しかし、国籍の決定に際しては世界統一の基準があるわけではなく、（A）の原則に基づくものである以上、重国籍の発生は不可避である。江川らも「重国籍の防止の必要性は、決して軽視されるべきものではない」としつつ、「国籍唯一の原則は、どこまでも、国籍立法上の１つの理想であり、できうる限り……重国籍を防止すべきであるとするものにすぎず、この原則を徹底させることの不可能であることは……明らかである」と指摘する[15]。1984年国籍法改正[16]時に細川清国籍課長が「国籍唯一の原則」を高調した[17]のに対し、国際法学の永田誠は、そもそも「『国籍唯一の原則』なるものは存在しないし、また、存在し得るはずがない」と反論していた[18]。ちなみに、1984年改正国籍法は、出生による重国籍者の発生を広く認めながら、あらたに「国籍選択制度」を導入することで重国籍の発生を事後的に解消しようとしたが、そこでは強制的な国籍喪失という手段はとられなかったこともあり、法務省によれば、2006年度中に出生した子の100人に１人以上が重国籍者であり、重国籍者の数は約89万人に及んでいると推定されている。

(3)　国籍法11条１項の「国籍自動喪失制度」の趣旨

　他の重国籍回避・防止規定と異なり、本人の明示的意思を確認することなく、強制的に日本国籍を喪失させる国籍法の規定は11条１項のみである。日本国民が外国国籍を取得したことをもって「日本国籍離脱の意思あり」と推認した上で、強制的に日本国籍を剥奪することを認める規定であるが、

（B）の原則は、（C）の原則より優位する原則であるのか。

　国籍法11条1項は「日本国民は、自己の志望によって外国の国籍を取得したときは、日本の国籍を失う。」と定める。その立法目的は、「国籍唯一の原則」に基づき、重国籍の発生を防止することである。この場合の「日本国籍の喪失は、国籍離脱（13条）のように直接日本国籍を離脱することに向けられた意思の効果ではなく、自らの自由な意思に基づいて外国国籍を取得・選択することによる国籍喪失である」[19]。

　国籍法11条1項は、「国籍離脱の自由に関する憲法上の規定（22条2項）」を受けて制定されたものであるとされる。上記（C）の原則を踏まえ、①「自己の志望」によって「外国籍を取得する者はその反面として当然に日本国籍を放棄する意思があるとみるべきこと」、②当時の「諸国の立法例の多くが志望による外国籍の取得を自国籍喪失原因として」おり、「沿革的にも国籍離脱の自由の原則がこのような場合においてまず承認されたこと」が指摘されている[20]。現在、②については、時の経過によって多くの国が外国籍の取得を自国籍喪失原因としていないのであるから、①の外国籍取得によって日本国籍放棄の意思が認められると解することができるかどうかが問題となる。

　江川らによる国籍法概説書は、その初版では「自己の志望により外国の国籍を取得するということはその反面、従来有していた国籍を放棄する暗黙の意思があると当然に認められるべき」としていたが[21]、その第3版では、国籍法11条1項における「国籍の喪失」は、国籍の離脱とは異なり「本人が従来の国籍を放棄する意思のないときでも、志望による外国国籍の取得によって自動的に効力を生ずるのであるから、厳格にいえば、個人の意思に基づく国籍の喪失でないことはいうまでもない」と修正している[22]。木棚照一も、「自己の志望によって外国国籍を取得するからといって、当然に本人が従来の国籍を放棄する意思を有していたとするのは1つの擬制に過ぎず、実際には従来の国籍を放棄する意思を有していない場合もあり得る」、「本項〔11条1項〕を憲法22条2項等によって根拠づける見解に直ちに賛成することはできない」としている[23]。

3．日本国憲法22条2項「国籍離脱の自由」をめぐる解釈の新展開

(1)　従来の通説的理解

　憲法学においても、初期の学説は従来の国際私法学と同様の解釈を行っていた。例えば法学協会は、「国籍離脱の自由を憲法で保障した例は諸外

国にはな」く、「世界にも珍しい規定」であると指摘した上で、「志望によつて外国の国籍を取得することは、その反面において当然に従来の国籍を放棄する意思があるものとみられ、従つて自己の志望によって国籍を喪失する一つの場合とみてよい」[24]と解していた。宮沢俊義も、「この自由は、外国の国籍の取得を条件として日本の国籍を失う自由の意と解される。マカーサー草案にも、『国籍を変更する自由』とあった（同21条)」と指摘し、国籍法11条１項はこの趣旨であると解していた[25]。

「ポスト・ナショナル」の議論が活性化した1990年代、奥平康弘は、「国民国家終焉の兆しがみえてきたというのであろうか」、人々は「国籍」というコンセプトを軽々しく考え、「最近の流行思潮は、『二重・三重国籍がなぜ悪いか！』というところにあるらしい。自分の生活目的に合わせ、衣装を代えるがごとく、自分が持つ複数の国籍からそのひとつを選んで用いる制度をもとめる者が出はじめている」と述べた上で、国籍は「自分のアイデンティティの一部（ビロンギング)」であり、「衣の如く着替える」ことは「ぼくにはできそうにない」と主張した[26]。奥平のこの主張には、「国籍に関するアイデンティティ」は、１つの国にしかあってはならないという大前提があると思われる。

(2)　近時の憲法学説における「国籍離脱の自由」解釈の新動向

これに対して、近時、憲法22条２項には「国籍離脱をさせられない自由」や「国籍を恣意的に剥奪されない自由」が含まれるとの解釈が提唱されている。

既に1990年代、芦部信喜は、「近時の急激な国際化の動き」が「国籍唯一の原則」に大きな波紋を投げかけており、ヨーロッパ諸国では既に「重国籍を容認する例」が増加していることを紹介していたが、その事実を指摘するにとどまっていた[27]。従来の通説における憲法22条２項の「国籍離脱の自由」解釈では、「国籍を離脱する自由という側面だけを考慮して、離脱しない自由の側面としての恣意的な国籍剥奪の禁止には無頓着であった」[28]ということができる。

近時の新しい解釈は、まず、憲法22条２項の「国籍離脱の自由」には、「国籍を離脱しない自由」（＝現在有している日本国籍を喪失させられることのない自由）が内包されるという点が特徴的である。この点からすると、この自由は、日本国籍の離脱を望まない重国籍者にとってこそ意味がある規定となる。「憲法上一定の意思ないし行為が『〜の自由』として保障される

場合には、論理必然的に『〜しない自由』がそこには含まれているものと考えられている」以上、「国籍離脱の自由」には、「国籍を離脱させられない自由」が包含されると考えられる[29]。

　第二に、国籍喪失にあたっては、個人の意思を尊重しなければならないという点を強調していることである。「国籍離脱の自由」は国際法上の国籍自由の原則と表裏一体のものであり、イギリスにおける国籍離脱の自由の確立の歴史を踏まえれば、「明確に自発的な意思に基づく帰化等によって外国籍を取得した者がもはや実効性を失った原国籍を離脱することを国家は禁止してはならず、その系として同じく明確な意思を持って自国国籍を離脱する自国民に対してはそのための制度創設義務を原国籍国は負うということをその内容としていたと考えるのが妥当」であるから、憲法第22条 2 項の趣旨は、「自らの明確な意思により外国籍を取得し、その上で日本国籍を放棄しようとする者の権利を憲法上保障したもの」である。したがって、国籍法11条 1 項について、「本人の意思如何に関わらず直ちに日本国籍の喪失を帰結するという法的効果を説く立場」は誤った解釈である[30]。高橋和之も、「二重国籍は特権ではなく当人のアイデンティティーの重要な要素であることを考えると、選択を強制することが個人の尊厳に反しないかどうか、真剣に考えるべき時がきている」と指摘する[31]。

　この国籍自動喪失制度は、国籍剥奪制度である。重国籍を既に容認している先進諸国においては、自国民の「国籍剥奪」が行われるのは重大な刑事犯罪（例えば、テロ行為で有罪判決を受けたケース）などに限定されている[32]。そのため、この規定は、日本国内において、重国籍者を重大犯罪者と同一視するような見方を醸成する効果を生み出しているように思われる。

　なお、近藤敦は、「国籍離脱の自由」に含まれる「個人の意思に反して国籍の離脱を強制されない自由」は、送り出し国からみた①「自国の国籍を離脱する自由」、②「自国の国籍を離脱しない自由」、受入れ国からみた③「外国の国籍を離脱する自由」と④「外国の国籍を離脱しない自由」の４つに分けることができ、「人の国際移動と国際結婚の盛んな今日、むしろ一定の複数国籍の要請が国際法の理想と考えられる時代の憲法の『国籍離脱の自由』の解釈」においては、①に加え、②・④の場合も射程とする方が、「国際法上の要請に合致する」と指摘する[33]。

　さらに、憲法22条 2 項の「国籍離脱（選択）の自由」の享有主体が「何人も」と明記されていることには、外国人にとっての意義があり、「何人にも日本国籍へのアクセスが開かれる権利」であるとするペドリサ・ルイ

スの見解がある。この説は、「受入れ国」＝日本が、外国人の「帰化への権利」を保障していると解することで、帰化申請に対する行政裁量を憲法上拘束する趣旨である⁽³⁴⁾。

(3) 判例における「国籍離脱の自由」の解釈

「国籍法11条1項違憲訴訟」は全国で4件の訴訟が係争中であるが、2018年3月7日に東京地裁に提訴された「国籍確認等請求事件」（第1事件）は、既に第一審判決⁽³⁵⁾、控訴審判決⁽³⁶⁾、上告審⁽³⁷⁾（現在、再審請求中）が、さらに「福岡訴訟」（旅券不発給処分無効確認等請求事件）（第2事件）でも第一審判決⁽³⁸⁾が下されている。両事件とも、原告は国籍法11条1項が憲法10条、13条、14条、22条2項に違反する旨を主張したが、いずれも請求は棄却された⁽³⁹⁾。憲法学説における新しい解釈が提唱されているにもかかわらず、憲法22条2項の「国籍離脱の自由」には「国籍を離脱しない自由」や「日本国籍を保持する権利」は含まれないとの判断であった。

これらの判決では、①憲法22条2項には「国籍を離脱しない自由」ないし「国籍を保持する権利」が保障されるか否かについては何らの定めも置いて」いないことから、同項を根拠に「憲法上、日本国籍を離脱しない自由ないし日本国籍を保持する権利が積極的に保障されていると解することは困難」であること、②憲法10条は、「国籍の得喪に関する要件」について「立法府の裁量判断に委ねる趣旨」であることからすると、「憲法22条2項の定める国籍離脱の自由は、日本国籍からの離脱を望む者に対して、その者が無国籍者となるのでない限り、国家がこれを妨げることを禁止するという消極的権利を定めたものにとどまるものと解するのが相当であ」ること、③「憲法13条等に基づいて何らかの権利が直ちに保障されるものとは解し難い」ので、「いかなる場合にも日本国籍を離脱しない自由（日本国籍を保持する権利）が具体的な権利として保障されているものとまでは認められない」と判断した。

これらの下級審判決は、憲法22条2項の「国籍離脱の自由」をかなり消極的に解釈しており、近時の学説の動向を反映していない。

4．結びにかえて

上記第1事件において、被告たる日本政府は「重国籍の発生防止」という立法目的が合理性を有する根拠として、第1に、「重国籍の解消は国籍の本質から導かれる概念」であること、第2に、「重国籍が常態化するこ

とによる支障が大きい」こと、第3に、「国籍唯一の原則は相当数の国に
おいて維持されている」ということを主張していた。

　まず、第1の点について。この主張からすれば、重国籍者が「公権力行
使公務員」に就任する際には、国籍喪失宣告（国籍法16条2項）が当然に要
請されることになると考えられる。しかしながら、ヨーロッパ国籍条約に
よって重国籍者の権利を保障している欧州では、モルドバの重国籍者が国
会議員選挙で当選したにもかかわらず、選挙法によって国会議員の就任が
認められなかった事例において、ヨーロッパ人権裁判所は、ヨーロッパ人
権条約第一議定書第3条違反であると判断し、請求人たる重国籍者の請求
を認容している[40]。この原告は、その後も重国籍を維持したまま、モルド
バの司法大臣、憲法裁判所の長官を歴任している。

　次に第2の点については、重国籍の問題点として、①外交保護権の衝突、
②納税義務の衝突、③兵役の義務の衝突、④入国管理の阻害、⑤重婚の防
止などのおそれが指摘されている。しかし、「いずれの理由も、今日、多
くの複数国籍者が日本にもいるなかで、具体的には問題となっていないこ
とばかりを例示しているにすぎない」。[41]

　第3の点については、たしかに、1960年段階では、少なくとも自国で出
まれた国民に対して重国籍を容認していた国は世界の約三分の一に過ぎず、
日本政府の主張は事実であった。しかしながら、時の経過とともにその状
況はかわり、2020年1月現在、世界の4分の3の国において重国籍が容認
されるに至っていることは既に指摘したとおりである。

(1)　この調査結果の詳細な紹介と分析については、参照、菅原真「『国籍唯一の原
　　則』の再検討——MACIMIDE の調査結果にみる重国籍容認国の国際的拡大」沢
　　登文治ほか編『世界諸地域における社会的課題と制度改革』（三修社、2023年）
　　35頁。
(2)　Maarten Vink, Gerard-René de Groot and Chun Luk, *MACIMIDE Global
　　Expatriate Dual Citizenship Dataset Version 5.00, Codebook,* 2020, Maastricht
　　Centre for Citizenship, Migration and Development（MACIMIDE）. https://
　　dataverse.harvard.edu/api/access/datafile/3852959?gbrecs=true
(3)　Maarten Vink et al., "The international diffusion of expatriate dual
　　citizenship", *Migration Studies,* 7/3, 2019, p.362.
(4)　Afroyim v. Rusk, 387 U.S. 253, 1967. この判決は、先例（Perez v. Brownell,
　　356 U.S. 44, 1958）を変更し、憲法修正14条の市民権条項によって「国籍（市民
　　権）を保持する権利」が保障されているとし、外国の選挙で投票することにより、
　　当該市民の同意なしに国籍の喪失を義務付けていた1940年国籍法の規定を違憲と
　　判断した。
(5)　高佐智美「外国人」杉原泰雄編集代表『新版体系憲法辞典』（青林書院、2008

年）30頁。

(6)　辻村みよ子『憲法〔第7版〕』（日本評論社、2021年）103頁。

(7)　国際法学では、国籍（nationality）とは「人を特定の国家に属せしめる法的な紐帯」、「個人が特定の国家の構成員である資格」と定義される。江川英文ほか『国籍法〔第3版〕』（有斐閣、1997年）3頁。

(8)　最大判平成20・6・4民集62巻6号1367頁（国籍法3条1項違憲訴訟）。

(9)　齊藤正彰「グローバル化と憲法における国籍の意味」長谷部恭男ほか編『岩波講座憲法5　グローバル化と憲法』（岩波書店、2007年）194-195頁。

(10)　「国籍付与制度自体の違憲性を論じ、合憲の国籍法を制定するのは、国会の権限でありかつ義務であって、裁判所の権限でもなく又義務でもない」。東京高判昭和57・6・23行集33巻6号1367頁。

(11)　最大判平成20・6・4民集62巻6号1367頁（国籍法3条1項違憲訴訟）。

(12)　「第10条」長谷部恭男編『注釈日本国憲法（2）国民の権利及び義務（1）§§10～24』（有斐閣、2017年）〔長谷部恭男執筆〕42頁。

(13)　松井茂記『日本国憲法〔第4版〕』（有斐閣、2022年）129頁。

(14)　江川ほか・前掲注（7）22-23頁。

(15)　江川ほか・前掲注（7）19頁。

(16)　現行国籍法では1984年改正以降、重国籍発生の回避・防止の理念を具体化するために以下の規定が設けられている。まず、外国籍者が日本に「帰化」する際の重国籍防止要件（5条5号）。次に、日本国籍者については、①日本国民が自己の志望によって外国の国籍を取得した場合の「国籍自動喪失制度」（11条1項）、外国の国籍を有する日本国民の「国籍喪失制度」（11条2項）、②出生により外国の国籍を取得した日本国民で、国外で生まれた者の「国籍留保制度」（12条）、③外国の国籍を有する日本国民の「国籍離脱制度」（13条）、④「国籍選択制度」（14条）、⑤法務大臣による「催告制度」（15条）。このうち、④の国籍選択制度は努力義務規定にすぎない。⑤の選択催告制度も過去に適用例はない。

(17)　細川清「国籍法の一部を改正する法律の概要」戸籍481号（1984年）1頁。

(18)　永田誠「いわゆる『国籍唯一の原則』は存在するか」日本法学51巻4号（1986年）92頁。

(19)　木棚照一『逐条国籍法──課題の解明と条文の解説』（日本加除出版、2021年）545頁。

(20)　平賀健太『国籍法〔上巻〕』（帝国判例法規出版社、1950年）358頁以下。

(21)　江川英文＝山田鐐一『国籍法』（有斐閣、1973年）59頁。

(22)　江川ほか・前掲注（7）131頁。

(23)　木棚・前掲注（19）547頁以下。

(24)　法学協会編『註解日本国憲法 上巻』（有斐閣、1949年）208頁。

(25)　宮沢俊義『憲法Ⅱ 基本的人権〔新版改訂〕』（有斐閣、1974年）395頁。

(26)　奥平康弘「たかが国籍、されど国籍──その1」『憲法の眼』（悠々社、1998年）150頁。

(27)　芦部信喜『憲法学Ⅲ 人権各論（1）〔増補版〕』（有斐閣、2000年）586頁。なお、奥田安弘＝舘田晶子「1997年のヨーロッパ国籍条約」北大法学論集50巻5号（2000年）93頁も参照。

(28)　近藤敦『人権法〔第2版〕』（日本評論社、2020年）42頁。

(29)　柳井健一「国籍を離脱させられない自由──国籍法11条1項による日本国籍の剥奪」法と政治69巻2号Ⅰ（2018年）199頁。ほかに、舘田晶子「国籍をめぐ

る世界の潮流」国籍問題研究会編『二重国籍と日本』（筑摩書房、2019年）151頁なども同旨。

(30)　柳井・同上209頁、218頁。

(31)　高橋和之『立憲主義と日本国憲法〔第5版〕』（補訂）（有斐閣、2021年）279頁。

(32)　堀口悟郎「テロ行為を理由とする国籍剥奪」大沢秀介ほか編著『変容するテロリズムと法——各国における〈自由と安全〉法制の動向』（弘文堂、2017年）111頁参照。

(33)　近藤敦『多文化共生と人権——諸外国の「移民」と日本の「外国人」』（明石書店、2019年）245-246頁。

(34)　ペドリサ・ルイス「何人も国籍を離脱する自由を侵されない——国籍離脱の自由と帰化の憲法上の位置づけについて」毛利透ほか『比較憲法学の現状と展望——初宿正典先生古稀祝賀』（成文堂、2018年）547頁。

(35)　東京地判令和3・1・21訴月68巻2号77頁（国籍法11条1項違憲訴訟・第一審）。原告は、日本国籍を有していたものの、その後スイス又はリヒテンシュタインの国籍を「自己の志望」により取得した6名と、現在日本国籍のみを有しており、スイス国籍又はフランス国籍の取得を希望している2名である。判例評釈として、毛利透「国籍法11条1項の合憲性」法教489号（2021年）165頁、江島晶子「重国籍を認めない規定の合憲性」『令和3年度重要判例解説』ジュリ臨増1570号（2022年）24頁、国友明彦「国籍法11条1項の憲法適合性」『令和3年度重要判例解説』ジュリ臨増1570号（2022年）268頁、高佐智美「国籍法の日本国籍剥奪条項の合憲性——国籍法11条1項違憲訴訟」国際人権33号（2022年）101頁。

(36)　東京高判令和5・2・21裁判所ウェブサイト（国籍法11条1項違憲訴訟・控訴審）。

(37)　最決令和5・9・28判例集未登載（国籍法11条1項違憲訴訟・上告審）。なお、最高裁は憲法判断をおこなうことなく、上告を棄却した。原告弁護団は再審を請求している。

(38)　福岡地判令和5・12・6判例集未登載（国籍法11条1項違憲訴訟〔福岡訴訟〕・第一審）。

(39)　紙幅の関係で、本稿では憲法22条2項についてのみ言及したが、他の憲法上の争点を含む筆者の判例評釈は別稿を予定している

(40)　Tănase v. Moldova, Judgment 27 April 2010〔GC〕ECHR. 菅原真「重国籍者の被選挙権」小畑郁ほか編『ヨーロッパ人権裁判所の判例Ⅱ』（信山社、2019年）419頁。

(41)　近藤敦「国籍離脱の自由の規範内容と複数国籍の合理性」佐々木てる編『複数国籍——日本の社会・制度的課題と世界の動向』（明石書店、2022年）115-118頁。

（すがわら・しん）

グローバル化の中の租税法律主義
——憲法84条の意義についての一考察

渕　　圭　吾　（神戸大学）

1．はじめに

　本稿は、コロナ禍を経てますますグローバル化が進展しつつある現状に鑑み、日本国憲法84条が定める租税法律主義の原則に再検討を加える。租税法律主義は、立法権とは区別される議会の課税同意権に淵源を有する[1]、租税の新設及びその変更に、法律の形式による国会の議決を必要とするという原則である[2]。本稿は、グローバル化を視野に入れると、一方で租税法律主義が納税者の同意という側面で不十分であると評し得ること、他方で議会での同意に代わるコントロール手段がむしろ望ましい可能性があることを指摘する。

　本稿の構成は以下のとおりである。はじめに、グローバル化という概念の定義を確認し、グローバル化との関係での租税に関する国際的な枠組みの沿革を紹介する（2）。次に、租税に関するルールを誰が決めるのかという観点から租税法律主義を考察する（3）。最後に、グローバル化を視野に入れると租税法律主義にどのような問題があるのか、若干の検討を加える（4）。

2．グローバル化と租税

⑴　グローバル化とは何か

　グローバル化（globalization）という概念について、本稿では、アメリカの法学者であるジュリアン・クー（Julian Ku）とジョン・ユー（John Yoo）の共著論文の次のような記述を出発点としたい[3]。

　「我々の見解では、『グローバル化』は、国境を跨ぐ経済的、社会的、文化的及び政治的な統合の様々な過程を指す。グローバル化は、社会的、文化的、経済的または政治的関係を組織する原則としての物理的な領域（physical territory）の概念に深刻な影響を及ぼす。先進国に住む個人は、国内にいる人に対するのと同じように、外国にいる人と意思疎通し、相互作

用し、または共に働くことができる。個人のアイデンティテイ、忠誠または文化を定義するにあたり、物理的な領域は以前ほど重要ではなくなってきた」。

　言い換えると、グローバル化は、貿易障壁の排除とそれに伴う自由貿易体制の進展に限られるわけではなく、社会、文化及び政治の各分野における国境の重要性の低下を意味している[4]。

　クーとユーは、グローバル化が国家主権（sovereignty）に対して次の三つの影響を及ぼし、それらが「グローバル・ガバナンス（global governance）」の仕組みに寄与していると述べている[5]。第一に、経済（貿易及び投資の両方）のグローバル化により各国が採用する経済政策の有効性が限定的なものになった[6]。第二に、国際組織（international organizations）が、国際関係におけるアクターとして重きをなすようになった。これらは、国家から独立したものであって、（欧州連合（EU）のように）自ら主権を行使する場合もある[7]。第三に、「新しい国際法（new international law）」が認識されるようになった。そこでは、国家の自国民に対する取扱いに対して、当該国家の合意がなくとも、拘束力を持つ普遍的な規範が適用されると考えられている[8]。

(2)　租税制度はグローバル化にどのように対応してきたか

　クーとユーが指摘するようなグローバル化の国家主権への影響は、租税制度に関しては、およそ百年前から現在まで、継続的に生じている。早くも1920年代から1930年代にかけて、所得課税（所得税・法人税）をめぐる国際的なルールについての合意が、国際連盟をフォーラムとして、多国間で形成された。そのような合意は第二次世界大戦後、経済開発協力機構（OECD）において OECD モデル租税条約としてアップデートされ続けてきた。近年も、これらの合意の枠組みから逸脱する事象に対処するための国際的な交渉が続けられている。

　まず、所得課税の黎明期から、国際的な経済活動により得られる所得に対して複数の国家が課税権を行使することによる弊害が強く意識されていた。そこで、経済活動を行う個人の居住地（法人であれば設立地）及び経済活動から得られる所得の源泉地（経済活動が実際に行われる地ないしそれに伴う金銭の支払いが行われる地）に課税権が認められる（それ以外の国には課税権はない）ことを前提に、居住地と源泉地の双方による課税が行われることに伴う国際的二重課税を排除するための枠組みが形成されてきた。この枠組み

においては、事業活動から生じる所得に関して言えば、所得の源泉地の課税権が納税者の居住地の課税権に優先すると共に、非居住者が国内に設けて経済活動の拠点としている支店等のいわゆる PE（恒久的施設〔permanent establishment〕）について居住者と同一の取扱い（内国民待遇〔national treatment〕）が保証されている。そして、このような国際的な枠組みの内容が国内法に取り込まれると同時に、各国の国内法が国際的な枠組みの形成に影響を及ぼすこともあった[9]。

　所得課税に関する国際的な枠組みは、主権国家間相互の尊重を基調とする。外国で設立された法人の法人格や外国で課された租税と称するものが真の意味での租税に他ならないことは、原則として否認されない[10]。

　しかし、そのような相互尊重の原則を奇貨とするのが、タックス・ヘイブン（tax haven）である。タックス・ヘイブンとは、極端に低い税率、柔軟かつ規制の緩い私法制度、そして他国に対する情報の秘匿を特徴とする法域のことである[11]。富裕層（個人）や企業は、タックス・ヘイブンを利用して節税や脱税を行ってきた[12]。

　また、各国は税収を上げるのと同時に自国の企業（あるいは自国民を雇用する外国企業）の国際競争力を上げたいから、とりわけ法人税の税率の引き下げ競争が生じる。この現象は、租税競争（tax competition）と呼ばれてきた。のみならず、様々な租税優遇措置を創設する国や事実上の執行の緩和を辞さない国もある。

　一方でタックス・ヘイブンの問題、他方で租税競争の問題、さらにはインターネットを通じて法人や PE を設けることなく他国の領域の消費者に直接財や情報を販売できるようになったことに伴う既存の国際的なルールの機能不全に対処するために、OECD と G20は、BEPS（Base Erosion and Profit Shifting）プロジェクトを立ち上げ、多くの国を巻き込んで今後の世界におけるあるべき国際的ルールのあり方を示した。さらに、上記のうち租税競争と既存のルールの機能不全により実効的に対処するために、BEPS2.0と呼ばれるプロジェクトが進行している[13]。

　以上のような所得課税に関する国際的なルールの形成の歴史は、クーとユーが指摘するグローバル化が国家主権に対してもたらす三つの影響を体現している。まず、OECD モデル租税条約や BEPS をはじめとする国際的合意は、各国の租税制度に法的に、または、事実上、多大な影響を及ぼしており、これらを度外視した租税制度の設計は考えられない。次に、古くは国際連盟、その後は OECD、さらには G20といった国際組織が、非

加盟国も巻き込んで、国際的なルール形成の中心になっている。最後に、租税法は国家と私人の間の法関係を規律するものであるから、国際的なルールは租税条約や国内法を通じて私人にも大きな影響を与える。

3．租税に対する憲法の規律

(1)　憲法との関係を考えるにあたっての租税の特質

ここまで、租税という概念を特に定義せずに用いてきた。租税の定義については、最高裁が、「租税は、国家が、その課税権に基づき、特別の給付に対する反対給付としてでなく、その経費に充てるための資金を調達する目的をもつて、一定の要件に該当するすべての者に課する金銭給付である」、と述べている[14]。この定義が議論の出発点ではあるが、本稿で強調したいのは、憲法との関係で租税を考えるにあたり重要な、以下の二つの特質である。

第一に、租税とは、多くの場合、人に対して課される金銭債務である。上記の定義に即して言えば、「者」に課される「金銭給付」である。すなわち、租税は、国家に対して私人が負う金銭債務であって、納税義務者である私人は、自己の資産（総財産）の中から租税を支払えばよい。租税債務を負うことによりこの私人に帰属する特定の財産権が影響を受けることは、原則としてない[15]。

第二に、租税は、多くの場合、私人の一定期間の経済活動の成果を対象として課されるのであって、上記の定義に言う「一定の要件」として人の個別の行為が用いられることは少ない。また、人の個別の行為（例えば、一定金額以上の金銭をやり取りする取引）を対象とする流通税が存在し、それ以外の租税においてもたまたま人の個別の行為が税額に大きく影響することがあるが[16]、そのような場合であっても、租税を課されることはそれらの行為に対する否定的評価（非難）を含まない。各種の租税特別措置や環境関連税制のように、人々の特定の行動を促進し、または抑制するために、租税負担を加重し、または軽減する例もあるが、この場合でも、特定の行動を禁止することと比べると強制の程度は小さい[17]。

(2)　租税について誰が決めるのか

以上のような特質を有する租税について、誰がその内容を決めるべきなのか。

租税を含む財政に関して、日本国憲法は、明治憲法と比べて、議会によ

るコントロールを強化した（83条以下）[18]。この点につき、一方では、国民の代表により構成された国会、さらには、その背後による国民こそが財政をめぐる意思決定の主役だという考え方がありうる[19]。

しかし、他方では、財政をめぐる国会の関与とは政府による財政に関する意思決定に対する監督であって、国会の役割は受動的なものであるとも考えられる[20]。また、憲法89条は、一定の事項について、議会のコントロールを排除している[21]。さらに、明治憲法63条で明示されており、憲法84条が黙示的に前提とする永久税主義も、議会のコントロールを弱める方向に働く[22]。

国家の財源の中心をなす租税について憲法84条は「法律又は法律の定める條件によること」を要求しているが、この規定についても、次のように考えが分かれうる。一方で、租税実体法が国民の意見を反映しているという意味で民主的に決められることを重視する考え方が成り立つ[23]。他方では、その内容が公正であることを確認し同意を与えるという受動的な役割を国会が担っているに過ぎないと考えることもできる[24]。

また、租税について法律という法形式を採用していることにつき、以下の二つの問題を提起できる。一方では、租税法律がそれ以外の事項を定める法律と同じ性質を有するものと考えてよいのか。人の行動を規律しようとする各種行政法規、また、一定の人の行為を非難するという要素を含む刑法と、行為規範ではない租税法律は、同じように法律で定められるべきものとされているとしても、法律で定めることについて与えられている意義が同一なのかどうかということである[25]。他方では、法律とは異なる法形式を採用する他の財政事項と判断の主体や手続が異なることをどのように理解するか[26]。

これに対して、租税実体法のルール（課税要件）につき、それが国会の関与を通じて決められていることよりも、とにかく明確に決まっていることを重視する考え方もありうる[27]。最高裁も憲法84条に関する判例において、それにある程度同調している。すなわち、最大判平成18・3・1民集60巻2号587頁は、「租税以外の公課」に対して「憲法84条の趣旨」が及ぶことによりその規律につき一定の明確性が求められる、と判示した。さらに、最判平成23・9・22民集65巻6号2756頁は、「憲法84条は、課税要件及び租税の賦課徴収の手続が法律で明確に定められるべきことを規定するものであるが、これにより課税関係における法的安定が保たれるべき趣旨を含むものと解するのが相当である」、と判示した。

　ここでは、刑法に関する罪刑法定主義、とりわけその構成要素とされる明確性の原則に関連して、次の点を考察してみたい[28]。すなわち、徳島市公安条例事件最高裁判決の比較的厳格な一般論にもかかわらず刑法典の規定が非常に簡潔なものにとどまっておりそれが特に問題視されていないことと[29]、判例が租税について憲法84条の存在を理由として租税立法の明確性、さらに進んで「課税関係における法的安定」の保持に言及していることの均衡である。

　一方で、このような判例の立場は、均衡を失していると言えるかもしれない。前述のように、租税法は私人にとって行為規範ではない上に、課される租税債務は金銭債務であって私人の自由を侵害する度合いは小さい。これに対して、刑法は人にとっての行為規範である上に、科される刑罰の中には身体の自由を奪うものもある。人に対する規律や自由の侵害の度合いが相対的に大きい刑法について簡潔な規定で足りるとするにもかかわらず、そのような度合いが相対的に小さい租税法について明確で細かい規定を求めるのは、矛盾している、と評価する余地がある。

　他方で、「刑法典の中核にあるのは、共同生活を成り立たせるための最低限の基本ルールである」ことを重く見れば[30]、そもそも行為規範ではない租税法については、刑法と異なり、法律で明確に定めることが重要だと論じることができるかもしれない。もっとも、所得課税については所得概念を中心とするその基本的な枠組みが広く共有されているので、刑法と同列に論じ得るという議論の余地がある[31]。

4．グローバル化は憲法による租税に対する規律に何をもたらすか

(1) 誰が租税について決めるべきなのか

　「財政議会主義」の系としての租税法律主義の根本的な問題は、もしあるとすれば、納税者[32]と有権者とが、必ずしも一致していない、ということである。以下、憲法30条が「国民」の義務として「納税の義務を負ふ」と定めているにもかかわらず、日本を含む近代国家の租税制度において、国籍は納税義務や租税の経済的負担の基準とされていない、ということについて、思考実験を試みる[33]。

　例えば、所得税について言えば、その納税義務者は国内に居住するか否かにより分類されており、居住者についてはそのあらゆる経済活動からの所得が課税対象となる（すなわち、無制限納税義務を負う）反面、非居住者に

ついては日本国内で生じたものとされる一定の所得のみが課税対象となるに過ぎない。すなわち、外国に長く居住している日本国民は、所得税法上の非居住者であり、上記の一定の所得のみに関して日本で納税義務を負う。日本に長く居住している外国人は、所得税法上の居住者として、その全経済活動からの所得について日本で納税義務を負う。また、このような居住を基準として納税義務者の範囲及び課税される所得の範囲を決める所得税法の仕組みは、実は、社会保障の分野での仕組み及び実際の運用と概ね一致している[34]。

このように住所ないし生活の本拠が国内にあることをそのあらゆる経済活動からの所得に対して所得税が課される要件としている仕組みは、同じく住所を基準として選挙区割りを決めている公職選挙法と一定の親和性を持つ。しかし、それは、外国に居住する日本人に選挙権（最大判平成17・9・14民集59巻7号2087頁）や最高裁判所裁判官の国民審査権（最大判令和4・5・25民集76巻4号711頁）を認めていこうとする判例の傾向とは潜在的に緊張関係に立つ。なぜなら、所得税法が日本国内の居住を基準として無制限納税義務を負わせていることは、納税義務者または担税者が租税法律を少なくとも承認すべきであるという命題と合わせて考えると、この点につき、在外日本人への権利の拡張ではなく、むしろ、日本に居住する外国人への権利の拡張を要求するはずだからである[35]。

判例は、外国人に選挙権を認めないことは憲法に反しないとしつつ（最判平成5・2・26判時1452号37頁、最判平成7・2・28民集49巻2号639頁）、少なくとも、地方参政権については外国人にも選挙権を認めることが憲法上禁止されていないと解している（平成7年最判）。ニュージーランドのように居住のみを基準として国籍を問わず選挙権を認めるかどうかは別として[36]、日本においても、上記の二つの大法廷判決とは異なり、国籍ではなく居住を基準として選挙権や政治的参加を認めていく方向があり得るかもしれない[37]。

(2) 憲法による租税実体法の基本的制度設計に対する規律の可能性

これに対して、議会による租税実体法へのコントロールを半ばあきらめ、むしろ、憲法自体を通じて租税実体法に対する規律を実現するということも考えられる[38]。

それでは、日本国憲法は、租税制度の中身について、何か命じているのか。連邦国家においては連邦と各邦がそれぞれ課すことができる租税の種

類が憲法で明示されているのが通例であるが、日本国憲法にはそのような
規定は存在しない。それでは、租税制度について憲法上の要請は何もない
のか。

さしあたり、国家が富の再分配の役割を担っていることを前提に、個人
の支払能力に着目した租税の存在が憲法上の要請として考えられるかもし
れない。個人による経済的資源の獲得（所得）、保有（資産）、費消（消費）
の各段階で、できれば累進税率による課税を行い、社会保障制度とあい
まって、富の再分配を実現する、ということである。しかし、憲法からこ
れらの租税についての具体的な制度設計が時代を問わず直ちに導かれると
は考えにくい。

むしろ、次のような議論ができるかもしれない。

まず、個人に対する課税が経済的資源との関係で上記のような三種類に
整理されることを前提に、これらのいずれとしても説明できないような性
質の曖昧な租税について、それが憲法上許容されない、と論じる余地があ
る（一種の *numerus clausus*）。なぜなら、性質が曖昧であることにより、誰が
最終的に租税を負担しているか必ずしも明らかではなく、議会によるコン
トロールに際して必要な判断材料が十分に与えられないからである[39]。
もっとも、現実には、実際のところ最終的に誰が負担しているかよくわか
らないにもかかわらず、法人税（法人の所得に対する課税）というものが存在
している。そうすると、憲法が租税の種類を制限していると論じることは
困難かもしれない。

しかし、一定の性質の租税が存在していることを前提に、ある課税物件
（例えば、所得）を課税対象とする税法における特定の規定がその税法の基
本設計と大きく抵触することは憲法が想定しているこれらの租税の本質に
反する、と論じることができるかもしれない。例えば、アメリカにおいて
は、合衆国憲法第16修正が連邦による所得税の課税を認めているが、そこ
にいう所得（income）とは実現した（realized）もののみをいうと解した古
い判例があり[40]、最近になってこの判例の射程が改めて問われている[41]。
日本の判例では、大島訴訟最高裁判決における谷口正孝裁判官の補足意見
及び島谷六郎裁判官の補足意見が注目に値する。というのも、両補足意見
は、所得のないところに所得税を課すことは「違憲の疑いを免れない」
（谷口）ないし「安易に看過し得ない」（島谷）と指摘しているのである[42]。

(3) 国際組織において租税に関するルールが決められることはむしろ望ましい？

「財政議会主義」の観点からは、租税実体法が条約や国際組織における合意によって決まってしまうことは否定的に評価されるはずであった。しかし、有権者の範囲と納税者の範囲が一致していないことを考慮すると、前述のように、租税実体法を議会で自由に決めるべきではなく、憲法のような上位の法規範によってその選択の余地を限定することが合理的かもしれない。

　さらに、グローバル化が進展している現在においては、国際組織によって租税実体法の内容が決められることを積極的に評価する余地があるかもしれない[43]。確かに、OECDやG20を通じて、あるいはそれ以外の機会に、政府が租税制度の内容について一定のコミットメントをすることは、財政議会主義や租税法律主義の観点からは、議会の判断の余地を狭めてしまう以上、否定的に評価されざるを得ないかもしれない[44]。しかし、有権者の範囲と納税者の範囲が一致していないため、有権者による決定に任せてしまうと有権者ではない納税者にとって不利益な租税制度が実現してしまう可能性がある。そして、各国でそのような租税制度が実現することは、経済活動がグローバル化した現在において、どの国にとっても望ましくない。そこで、財政議会主義や租税法律主義の趣旨を犠牲にしてでも、合理的な租税制度について国際的に合意を形成しそれを国内法化する（または条約を批准する）ことの便益が上回ると考えるのである。ここで、租税は納税者の行為に対する否定的評価をなんら含まない金銭債務であるということが、国内議会において実質的な議論があまり行われないことを——一般の政策に関する立法の場合と比べてより強く——正当化するのではないだろうか。なお、国際組織による租税実体法の内容形成になんらかの形で人々が参与できるのであれば、それは一つの民主主義のあり方であるとして正当化することができるかもしれない[45]。

(1)　法学協会『註解日本国憲法下巻』（有斐閣、1954年）1267頁。

(2)　野中俊彦ほか『憲法II〔第5版〕』（有斐閣、2012年）335頁〔中村睦男〕。

(3)　Julian Ku & John Yoo, Globalization and Sovereignty, 31 Berkeley J. Int'l L. 210（2013）, 212. 脚注を省略した。

(4)　Ku & Yoo, supra note 3, 211-12.

(5)　Ku & Yoo, supra note 3, 210, 213.

(6)　Ku & Yoo, supra note 3, 213-15.

(7)　Ku & Yoo, supra note 3, 215-23.

(8)　Ku & Yoo, supra note 3, 223-27.

(9)　以上につき、渕圭吾『所得課税の国際的側面』（有斐閣、2016年）第 2 章、及び、同「国際租税法の潮流」租税法研究45号67頁（2017年）も参照。二国間租税条約も重要な法源である。See e.g., Keigo Fuchi, Unilateralism, Bilateralism, and Multilateralism in International Taxation, 59 Japanese Y.B. Int'l L. 216 (2016).

(10)　法人税該当性が問題となった事例として、最一小判平成21・12・3 民集63巻10号2283頁。

(11)　例えば、中里実「Tax Haven の利用形態」同『国際取引と課税』（有斐閣、1994年）252頁参照。

(12)　例えば、ニコラス・シャクソン（藤井清美訳）『タックスヘイブンの闇』（朝日新聞出版、2012年）参照。

(13)　以上につき、ジュリスト1567号（2022年 2 月）の特集「国際課税の歴史的な合意——デジタル課税と最低税率をめぐって」の他、吉村政穂「国際課税における新たな協調枠組の分析——税のグローバルガバナンスをめぐる議論」フィナンシャル・レビュー 143号66頁（2020年）、同「租税競争は手なずけられるのか？——OECD の挑戦」法律時報92巻 9 号56頁（2020年）等を参照。

(14)　最大判昭和60・3・27民集39巻 2 号247頁（大島訴訟）。

(15)　二点の但し書きが必要である。第一に、現在の日本には存在しないが、特定の財産権（例えば、土地）のみを引き当てとする租税もありうる。アメリカの諸州に存在する財産税（property tax）はそのような仕組みを採用している。日本の区分所有法 8 条も同様の仕組みを備えている（以上につき、渕圭吾「所有者不明土地・手続保障・固定資産税」秋山靖浩編『新しい土地法』33頁〔日本評論社、2022年〕参照）。第二に、資産の大半が流動性の低い財産である納税者が相続税の納税税務を負う場合に、納税のためにその一部の売却を余儀なくされる場合がある。

(16)　例えば、最一小判平成23・9・22民集65巻 6 号2756頁の事案では、納税者による不動産の譲渡のタイミングにより租税負担が大きく変わることになった。

(17)　この点で興味深いのは、WTO の農業に関する協定 4 条 2 項が求めており、1990年代の日本でコメに関して話題になった、輸入禁止等の輸入規制の関税への転換（「関税化（tariffication）」）である。中川淳司ほか『国際経済法〔第 3 版〕』（有斐閣、2019年）、172-174頁で指摘されるように、それは、「貿易障壁をより透明にし、障壁の高さの測定をより容易にし、それゆえ譲許のための交渉を促進する」から望ましいことは確かである。ただ、一般に、一定の行為の禁止よりも当該行為に関して金銭債務を課すことの方が名宛人の自由に対する侵害の度合いが小さい、と言えよう。

(18)　このような仕組みを「財政議会主義」として把握すべきという、片桐直人「戦後日本憲法学における『財政立憲民主主義』」只野雅人編『統治機構 I 〔講座立憲主義と憲法学第 4 巻〕』303頁、308頁参照。

(19)　清宮四郎『新憲法と財政』（国立書院、1948年） 8 頁（「国民財政主義」及び「国家中心財政主義」を挙げる）。

(20)　イギリス及びオーストラリアにおいて財政をめぐる意思決定の中心となってきたのは議会ではなく大蔵省であることに注意を喚起する研究として、以下の文献がある。Will Bateman, Public Finance and Parliamentary Constitutionalism (Cambridge University Press, 2020). 紹介として、渕圭吾・国家学会雑誌135巻

9 =10号809-811頁（2022年）。

(21)　渋谷秀樹『憲法〔第 3 版〕』（有斐閣、2017年）620頁は、「たとえ国会の承認があっても、執行しえない財政作用を定める憲法の諸条項の背景にある原理を総称とする概念」としての「財政立憲主義」の例として憲法89条を位置づける。同旨の指摘として、石川健治「統治のゼマンティク」憲法問題17号65頁（2006年）、74頁参照。

(22)　法学協会・前掲注（1）、1268頁、宮澤俊義（芦部信喜補訂）『全訂日本国憲法』（日本評論社、1978年）715頁、佐藤功『憲法（下）〔新版〕』（有斐閣、1984年）1105頁参照。

(23)　例えば、畠山武道「国の財政に関する国会の権限」雄川一郎ほか編『現代行政法大系10財政』（有斐閣、1984年）17頁、22頁。

(24)　例えば、木村琢麿「財政の法的統制」公法研究72号112頁（2010年）、117頁。

(25)　鵜飼信成「財政法原理の史的展開」国家学会雑誌63巻 6 号319頁（1949年）、325頁（明治憲法下でのこの問題についての説明）。

(26)　清宮・前掲注（19）、22頁（一年税主義ではなく永久税主義を採用しているので、予算の形式による必要がなく法律の形式によっているとの説明）。

(27)　例えば、金子宏「租税法の基本原則」同『租税法理論の形成と解明上巻』（有斐閣、2010年）42頁、47-49頁（「租税法律主義は……今日の複雑な経済社会において、各種の経済上の取引や事実の租税効果（タックス・エフェクト）につき、十分な法的安定性と予測可能性とを保障しうるような意味内容を与えられるべき」）。日本の行政法・租税法の学説の分析として、例えば、渕圭吾「租税法律主義と『遡及立法』」中里実＝藤谷武史編『租税法律主義の総合的検討』61頁（有斐閣、2021年）参照。藤谷武史「租税法の解釈原理の論拠としての『租税法律主義』――国際比較の観点から」同書271頁は、このような日本の行政法・租税法学説による理解が比較法的に見ると特異であることを説得的に示している。

(28)　以下、樋口亮介「『罪刑法定主義』は何を要請するのか――明確性の原則を素材として」法律時報95巻 3 号 6 頁（2023年）から示唆を得た。

(29)　最大判昭和50・9・10刑集29巻 8 号489頁（「ある刑罰法規があいまい不明確のゆえに憲法31条に違反するものと認めるべきかどうかは、通常の判断能力を有する一般人の理解において、具体的場合に当該行為がその適用を受けるものかどうかの判断を可能ならしめるような基準が読み取れるかどうかによってこれを決定すべきである」）。

(30)　樋口・前掲注（28）、12頁。

(31)　なお、渕・前掲注（27）、103頁注144参照。

(32)　ここでは、租税を支払うべき者（納税義務者）または租税を経済的に負担する者（担税者）のことを漠然と「納税者」と表現しておく。

(33)　政治的帰属（国籍）ではなく経済的帰属（居住及び所得の源泉）を基準とすべきことは、19世紀末にセリグマンにより主張されており、20世紀前半における国際課税の枠組みの設計にあたってもその考え方が所与とされた。簡単な紹介として、渕・前掲注（9）（『所得課税の国際的側面』）84-88頁、253-254頁参照。

(34)　社会保障制度における外国人の取扱いにつき、笠木映里ほか『社会保障法』（有斐閣、2018年）48-49頁［中野妙子］（総論）、182-184頁［笠木］（医療保険）、462-464頁［嵩さやか］（生活保護）参照。

(35)　なお、渡辺康行ほか『憲法Ⅱ――総論・統治』（日本評論社、2020年）70頁［工藤達朗］（「国籍の如何にかかわらず日本国内に居住するすべての人に選挙権

を与えることは、国家のメンバーの資格を領土内の定住という事実に求めるもの
で、在外国民はメンバーから排除される」との指摘）。

(36)　近藤敦「移民政策と市民権」公法研究64号112頁（2002年）、118頁、只野雅
人「選挙権と国籍・受刑者——グローバル化と政治共同体の境界」横大道聡ほか
編『グローバル化のなかで考える憲法』（弘文堂、2021年）281頁、288頁等参照。

(37)　最近、英語圏ではそのような方向の議論が現れている。以下の文献は、税法
上の居住者であることを政治参加の資格の基準とすべきだと主張する。Tsilly
Dagan, The Currency of Taxation, 84 Fordham L. Rev. 2537 (2016), 2557-62.
若干の分析として、渕圭吾「国際課税の地殻変動」租税法研究50号17頁（2022
年）、29-30頁。

(38)　以下の文献は、その可能性を説く。Wolfgang Schön, Taxation and
Democracy, 72 Tax L. Rev. 235 (2019). 渕圭吾「租税法律主義」法学教室469号
43頁（2019年）も参照。

(39)　国際課税や地方税の文脈で性質の曖昧な租税が望ましくないことにつき、渕
圭吾「デジタル・サービス税（Digital Services Tax）をめぐる動向」民商法雑
誌157巻6号1頁（2022年）、19頁、及び、同「核燃料税に関する若干の考察」地
方税69巻2号2頁（2018年）、6-10頁参照。

(40)　Eisner v. Macomber, 252 U.S. 189 (1920). 渕圭吾「North Carolina
Department of Revenue v. Kimberley Rice Kaestner 1992 Family Trust, 139
S.Ct. 2213, 588 U.S. ___ (2019)：州内居住者を受益者とする州外所在信託の収益
に対する州所得税の課税が第14修正のデュー・プロセス条項に反するとされた事
例」アメリカ法［2020-1］, 129頁（2020年）、132頁注10参照。

(41)　Moore v. United States（Docket 22-800）.

(42)　なお、渕・前掲注（9）（『所得課税の国際的側面』）、404-405頁も参照。

(43)　このような方向性を示唆する、藤谷武史「グローバル化と公法・私法の再編
——グローバル化の下での法と統治の新たな関係」浅野有紀ほか編著『グローバ
ル化と公法・私法関係の再編』（弘文堂、2015年）333頁、352-354頁参照。

(44)　租税法律主義との関係で租税条約の締結を考察し、できるだけ実質的な意味
での民主的コントロールを確保しようとする、増井良啓「租税条約の締結に対す
る国会の関与」中里＝藤谷編・前掲注（27）、217頁を参照。より一般的には、山
田哲史『グローバル化と憲法』（弘文堂、2017年）（特に第1部）参照。

(45)　フランスにおける議会制以外の民主主義の経路の存在を指摘する多田一路
「議会以外のルートによる民主主義の調達」阪口正二郎ほか編『憲法の思想と発
展〔浦田一郎先生古稀記念〕』（信山社、2017年）501頁から示唆を得た。

（ふち・けいご）

秋季研究総会シンポジウムのまとめ

司会：横内恵（亜細亜大学）／吉川智志（大阪大学）

1．大久保報告について

瑞慶山広大会員（九州産業大学）　オーフス条約が掲げる３つのアクセス権は、一般的な知る権利・情報公開請求権や参政権、裁判を受ける権利等に新しい要素を加えるか。

報告者（大久保）　環境分野から既存のこの３つの権利への影響があり、逆の影響もある。知る権利は、環境の影響全てが対象となる。参政権は、行政立法、プログラム・計画、個別決定の三段階において権利を確立することとなる。司法アクセス権は、環境法規違反行為について訴訟を起こせることになるが、日本の枠組みで捉えると異質である。

菅原真会員（南山大学）　コロンビアで主張されている、気候変動被害に対する将来世代の権利は、人権としてどのように理論構成されているか。「現在および将来の国民」に対して基本的人権を保障すると明文で定める日本国憲法97条を、人格権（環境的）を補完するような将来世代の権利として理論構成することは可能か。

報告者（大久保）　憲法97条は、国際比較の中では注目されている。コロンビアでは、将来世代は自分の一部でもあり、自分の子孫が生きられないような環境になると自分自身にも影響があるとして、判決が構成されている。将来世代の権利の構成や具体的な仕組みは、国によって様々で、発展途上である。

宮村教平氏（佛教大学）　将来世代の権利はどのように保障・実現されるのか。近時、「仮想将来世代」の実験があるが、司法アクセス権をカバーするのは法学的に難しい。将来世代の権利は、立証ルールを導き出すための実体的価値として機能することになるのか。

報告者（大久保）　司法アクセス権の保障には、様々な選択肢があり得る。子どもに次の世代の利益を代表させる、また環境団体訴訟などで、将来世代のことを考えている団体を認定する、という方法もある。自然の権利とパラレルに考えられるところがある。

藤井康博会員（大東文化大学）　自然の権利や生態中心主義まで頼らずに、国家の自然（環境）保護義務や環境法律では不十分か。南米ではそれが日本ほど十分ではないのか。相互影響はあるか。「疑わしきは自然の利益」という南米の原則は、どこまで貫徹されているか。南米諸国で、参加権一般、人身の自由や精神的自由など他の権利は、十分実効的に保障されている状況か。

報告者（大久保）　各国の文化・社会などを尊重すべきで、様々な理論構成があってよい。中南米は、環境権論、自然の権利の両方を認めている。相互影響としては、例えば公益訴訟や、フィリピンの writ of kalikasan（自然令状）などを参照し、理論的な根拠は違うが共通の仕組みを入れる等の形がある。権利の考え方は時代や国によって異なる。多面的な側面があると認めることが重要。「疑わしきは自然の利益」については、判例などが出てきている。人身の自由や精神的自由の保障は大変厳しい状況にあるが、参加する権利を確立すべきというアプローチがかなりの勢いで広がっている。揺り戻しはあ

りつつも、時間軸でとらえると権利保障が強化される方向に向かっている。

藤井康博会員（大東文化大学）　経済寄りの立場の人を説得していく戦術として、ドラスティックな改革と微修正のどちらの立場をとるのがよいか。

報告者（大久保）　多様な観点からの検討が必要であり、一概には言えない。微修正よりも、一度切れて全然違う方に行く方がうまくいく場合もある。自然の権利を最初に認めたエクアドルがその例。日本なら、自然に法人格を与えるという法人論になじみがある。相互に色々な議論をしていくことが重要である。

山元一会員（慶應義塾大学）　人新世における世界の各地域での環境をめぐる（憲）法的議論や実践のラディカルな発展は、戦後日本憲法学にシリアスな問題を惹起するのではないか。憲法13条の個人の尊重は、人間による外的世界・環境の支配を正当化し、歯止めをかけられないのではないか。憲法改正は不要であり、人格権論を使いながら、個別的な環境条約を進めるだけでよいとする穏健な護憲的ディスクールは、気候変動問題の悪化に関して日本憲法学を「共犯関係」に立たせてしまうのではないか。

江島晶子会員（明治大学）　国際的動向との乖離が増大している点は非常に憂慮すべき事態だが、それは、日本の憲法学における立憲主義のとらえ方に起因する問題があるのか。

報告者（大久保）　日本では、マージナルなところにはなるべくタッチしないというような傾向が、判例・学説に反映されていると感じる。自然の権利、環境権、将来世代の権利といった考え方は、西洋的な価値観の転換を迫るものなので、本来ならばじっくり議論されてしかるべき。私は環境権を認めるべきという立場だが、現行憲法の枠組みの中でも、例えば13条について、生態学的な基礎がなければ人類の生存に関わってくる時代なので、内在的な制約があると捉えるなど、新しい解釈の可能性を追求することが考えられる。現状に鑑みて、プラクティカルに、できることから始めようという多面的な戦略に転換して、その趣旨で、個別環境条約は重要な手がかりになり得ると考えた。ありとあらゆる道を閉ざさずにやっていくべき状況に置かれている。

山元一会員（慶應義塾大学）　この報告で人新世という言葉が使われていないのには、深い理由があるのか。

報告者（大久保）　人新世について日本で紹介されている考え方には偏りがあるかもしれず、また、色々な考え方があるため。

2. 金子報告について

大野悠介会員（下関市立大学）　①国外での人権問題はその国で解決するのが一次的であり、他国が関与する必要性、また従来の枠組みを再考する必要性があるのかが問われるのではないか。②いわゆるフェアトレードと「企業との人権」とはいかなる関係にあるか。③日本で「ビジネスと人権」の問題として語られるジャニーズ問題は、憲法理論からどう見えるか。

報告者（金子）　①自国企業が他国で人権侵害行為をしていたとしても、ガバナンス・ギャップにより対処できないという問題がある。このガバナンス・ギャップをどのように埋めるかという中から、国境を越えた「ビジネスと人権」の問題が語られてきた。②フェアトレードは、サプライチェーン上の人権尊重を求める点で「ビジネスと人権」に

関わる。また、不公正な方法で儲けを得るものとして児童労働等を捉えれば、競争法との関係で問題となり、その不公正の中に人権侵害が含まれることで「ビジネスと人権」とも結びつく。③ジャニーズ問題は、労働者に対する性加害の問題として語れるため、「ビジネスと人権」の問題として語る必要はない。

大野悠介会員（下関市立大学）「ビジネスと人権」とフェアトレードの関係に関連して、消費者はどのように位置づけられるか。

報告者（金子）　消費者の役割は非常に大きい。消費者教育の中で、責任のある消費活動を広げること、また人権が一つの記号として市場的な価値を持つことが必要となる。

水谷瑛嗣郎会員（関西大学）　①「企業と人権」問題の救済・是正に不可欠なマルチステークホルダープロセスは、憲法学からはどのような位置づけを得るか。②人権デュー・ディリジェンスが内包する公正性概念を憲法秩序に取り込むためには、会社法及びコーポレート・ガバナンスにも憲法的価値のビルトインが必要となる。現在のコーポレート・ガバナンスでは株主以外の利害関係者との協働も射程に含まれるが、これをより拡張・強化していく方向性はあり得るか。

報告者（金子）　①これまで人権救済は事後救済を中心としてきたが、予防という事前的な救済を含み、その中で将来的な被害者となる者の参加権を確保する形で、救済の概念を拡張する必要がある。その中で、このプロセスは憲法的な位置づけを得られる。そこでの救済は、司法というより、行政を主体とするものとなるだろう。②その通りであり、人権デュー・ディリジェンスは、会社法やコーポレート・ガバナンスの中に経済的な公正性の一環として人権的価値を組み込む際の橋渡し役となる。

植木淳会員（名城大学）　もし「経済立憲主義」が「政治」の中で実現されるべき目的ではなく、司法の場で実現されるべき「権利」となりうるとすれば、どのような場面で、どのような主張が可能か。

手塚崇聡会員（千葉大学）「企業と人権」の問題を解消する上で憲法秩序はどのように機能し得るか。

報告者（金子）　個別の機能については今後の検討課題である。ただその前提として、立憲主義の本質を何に見るかという問題がある。立憲主義の本質を、被支配者の側に立って国家権力に限定されない権力の統制に見れば、経済権力は立憲主義の網をかぶせるべき対象となり、それが経済立憲主義の一つの眼目となる。訴訟では、企業の自由を規制する枠組みとなるし、また私人間効力論の中で企業側の自由をより制約する方向で活用できる。憲法改正との関係では、ワイマール憲法のように、経済的自由に対する新たな規制として明文規定を置くことが考えられる。

山本健人会員（北九州市立大学）　人権デュー・ディリジェンスをハードロー化した欧州諸国においても、憲法学の関心は実定法としての国家憲法に偏っているのか。欧州諸国において、憲法学が人権デュー・ディリジェンスの実現に関与した／している例はあるか。

報告者（金子）　ヨーロッパの憲法学者からも、憲法、立憲主義が、経済活動をうまく統制できていないという問題意識が出てきている。後者については、今後の比較研究の一環として取り組みたい。

檜垣宏太会員（広島大学大学院）　①「企業と人権」という言葉でいう「人権」の観念

が、従来憲法学が対象としてきた「人権」と異なるとすれば、憲法の関心が相対的に低いのは当然ではないか。②憲法条文を手掛かりに憲法が特定の経済秩序を前提としていると解釈するのは困難ではないか。③「人権を媒介とした経済法秩序と憲法秩序の連結」は、私人間効力論とどこが違うのか。

報告者（金子）　①憲法学が実定憲法上の権利のみを人権だと捉えたために、「ビジネスと人権」の問題への関心が広がらなかったというのが本報告の問題意識である。②その通りだが、現代的な状況を背景にしながら、憲法の構造全体の中から経済的自由に対する軛を解釈的に導き出すことはできる。③言わばズルさえしなければいいというランクで留まっていた経済法秩序の中に、環境や人権という価値を取り込めないのかを問うのが本報告であり、内容面で従来の人間効力論と大きく異なる。

檜垣宏太会員（広島大学大学院）　①実定的に規定された人権とは、対国家防御権としての近代的な人権のことか。②憲法の解釈により経済秩序を導く際には、各人の選好が紛れ込むのではないか。

報告者（金子）　①その通りである。②従来の憲法学も一定の経済秩序を前提としてきた。一定の経済秩序と憲法は結びついているし、結びつけるべきだと考える。

江島晶子会員（明治大学）　従来、人権という概念の使用に慎重であった日本政府・日本企業が、「ビジネスと人権」（とりわけ人権デュー・ディリジェンス）、SDGs については積極的に援用する背景にはどのような要因があるか。

報告者（金子）　端的に言えば、欧米の市場を失いたくないという市場の力である。

千國亮介会員（岩手県立大学）　経済法秩序それ自身が憲法秩序との関係の中で人権概念を媒介としてより良いものに自らなっていくという報告の趣旨と、経済法秩序に憲法をどれだけ適用するかという私人間効力の間接適用とは異なる。前者については、これまでの人権規範と、国際法秩序を含む経済法秩序との違いを踏まえて両者をどう接合するかを議論するのが建設的ではないか。

報告者（金子）　ご指摘を踏まえて、今後、私人間効力論との関係性を整理したい。

3. 大久保報告・金子報告について

横大道聡会員（慶應義塾大学）　大久保会員の議論の中で、環境を汚す主体としての企業があるが、これまでの環境の転換の中で、企業をどう捉えてどう規制しようとしているのか。金子会員の議論の中の人権デュー・ディリジェンスの中に、環境を人権としてみるという展開があり、それをまた人権デュー・ディリジェンスで回していく、といった循環がうまく働いているのか。あるいは、両議論は互いに独自に展開しているのか。

報告者（大久保）　環境分野でも、環境人権デュー・ディリジェンスの話として議論されている。事業者の活動は環境に負荷を与える最たるものという点では、それをいかにコントロールするかを議論してきた。ただ、環境問題は、技術や工夫で解決される部分も少なからずある。事業者が持っているその知恵をどのように適正にインプットしていくのかも重要。そのあたりが金子会員の報告と絡んでいるのではないか。

報告者（金子）　両者はリンクさせるべきところだが、現状はリンクしきれていない。環境分野で進んでいるアセスメントに関する手法を人権デュー・ディリジェンスに取り入れていく必要もあるし、大久保報告で指摘のあった、企業の自主性とルール設定のバ

ランスの匙加減も重要となる。

4. 菅原報告について

館田晶子会員（北海学園大学）　奥平康弘先生が「重国籍批判」の中でアイデンティティに言及したが、近時では、高橋和之先生のように、アイデンティティを重国籍容認の根拠とするのが通例だと思う。「重国籍批判」をどのように評価するか。また、国籍とアイデンティティとの関係をどのように考えるか。

報告者（菅原）　奥平先生の1980年代のご高論は、おそらく国籍唯一の原則を絶対視した上で、重国籍がありえないとしている。国籍はアイデンティティであるという点だけみるが、外国籍を取得しても日本国籍を維持したいというのがアイデンティティならば、奥平先生の理屈は逆のように読める。国籍法は、本人の意思を尊重するという、今の国際的・一般的な考え方を、基本的には反映している。11条1項だけがそこから排除されている。

近藤敦会員（名城大学）　最高裁の上告棄却決定に際し、上告理由書が憲法10条違反と憲法14条1項違反の2点で書かれていた。そこでは憲法22条2項は憲法10条の裁量違反の一要素にすぎず、それゆえに新しい違憲の論点が認識されなかったと考えられるか。現在、ドイツ政府が複数国籍を原則として認める国籍法改正案を議会に提出している。日本での今後の議論に大きな影響を与えるか。類似の訴訟に影響を与えそうか。

報告者（菅原）　憲法22条2項については、国籍離脱の自由、離脱しない自由が最高裁で過去に言われたことがないので、強調して書くべきだった。憲法10条により立法裁量があるとしても、憲法上の様々な制約があり、その根拠として22条2項や13条が使われる。国籍法11条1項の論点に関しては、憲法22条2項を出しておくべきだった。日本政府は、高裁の段階で、ヨーロッパで重国籍を認めていない国としてドイツを挙げていたので、多少の影響があるだろう。しかし、判決にはあまり影響しないと考える。

栗田佳泰会員（新潟大学）　国籍は道具的観念であると報告にあったが、選挙権含む諸々の権利が保障されるべき法的地位としての意味以外は持ち得ないのか。アイデンティティとの関わりを強調した場合とで、二重国籍の憲法的評価はどう違ってくるか。

報告者（菅原）　現代では、人権としての国籍という考え方があり、とりわけ、個人の意思の重視については共通認識がある。その中で、国側の立場から述べた。国籍は国家の主権が及ぶ人的範囲を画するための道具なる概念であり、国籍保持者に対して排他的支配が及ぶならば、ある者に国籍が与えられると、他国の国籍との衝突の問題は避けられない。最高裁平成20年6月8日も、日本国民は法的な地位であるとする。但し、それ以外の意味を持ち得ないかに関しては、人権としての国籍というアプローチから反論がある。国籍法は少しずつ変わってきており、個人の意思、アイデンティティの維持を基本的に容認していると読める。11条1項以外では、日本国籍を維持したいという個人の意思を、複数国籍禁止の原則よりも優先している。

栗田佳泰会員（新潟大学）　国籍に何らかのアイデンティティが付着しているという立場を取るならば、どのようなアイデンティティであると考えるか。奥平先生は非常に濃いアイデンティティが付着していると考えておられるはず。その一方で、政治共同体に参加するという意味の、薄いアイデンティティしか付着していない場合、アイデンティ

ティコンフリクトの問題はそう生じないと思う。

報告者（菅原）　国籍については両極端の姿勢があるだろうし、重国籍批判があることや、国籍への思い入れが私の考え方とはかなり異なる形で存在するということは、理解している。重国籍を認めたい立場からは、アイデンティティは、民族的アイデンティティの他に、家族関係、親の文化を継承したい、といったものだと考える。国籍のもつ意味は、何世かによっても、各国が置かれている状況によっても、異なると思う。

5．渕報告について

瑞慶山広大会員（九州産業大学）　租税法律が、私人の行動に一定の影響を与えるとすれば、租税法律主義には、私人から強制的金銭徴収の同意を得るという側面のみならず、課税による影響を受ける行為について国民が参政的に関わるという、積極的自由一般の保障という側面もあるのではないか。

報告者（渕）　租税法律においては、所得税制度の基本的な制度設計と、毎年の税制改正で問題となる租税特別措置とが組み合わさっており、それらは別々に考えるべき。後者については、基本的にご指摘のような租税法律主義の説明をするべきだと考える。

檜垣宏太会員（広島大学大学院）　「居住を基準として選挙権や政治的参加を認めていく方向」は、地方自治体については望ましいことだと思うが、国との関係では望ましくない。「国籍」が必要ではないか。

報告者（渕）　現時点で一つの答えは出せていない。地方自治をどのように考えるかによって異なってくると思う。

檜垣宏太会員（広島大学大学院）　租税法が、刑法と比較して侵害度合が低いのに、明確で細かい規定が求められる理由は、長谷部恭男「漠然性の故に有効」論文が示した、殺人罪など漠然的に書いてある罪は人々の理性に判断を委ねているのに対し、そうではない場合は理性を信用せず細かく詰めているという区別が参考になるのではないか。租税法規の場合、道徳的にわからないので、明確さが求められる。

報告者（渕）　私もそういう関心で研究している次第である。

駒村圭吾会員（慶應義塾大学）　実現された所得に課税するのが憲法の要請であるとする場合の根拠・理屈は何か。最高裁判例は、新株予約権証券の発行について届出書類に虚偽記載があったため課徴金を課す際、それが一つも売れずに終わったのに発行時の総額に基づき課徴金を課しても構わないとしていた。これにも応用できるか。

報告者（渕）　その立場の根拠・理屈について、報告で言及した以上の説明は見られないが、国家権力が私人の支配領域にどこまで手を突っ込めるかというニュアンスの議論に私には見える。アメリカ憲法では恐らく substantive due process の問題となる。（日本では）白地から考えると比例原則違反の問題となる感じがする。

吉川智志（司会・大阪大学）　納税者と有権者との不一致は従来から存在するが、その正当化根拠はグローバル化によってどのような意味で揺らいでいるのか。

報告者（渕）　租税の基準を国籍ではなく居住とすることの前提は、当時の文明が発達している国の間で、人の往来がほぼ対等であり、相互主義的に問題が少ないということがあったと推測する。グローバル化によりその前提が変わった面がある可能性はある。

石川健治会員（東京大学）　判例も金子租税法学も、税金は反対給付ではないという形

で社会契約論とは手を切り、担税力のある者から徴税して財政的基盤を作ることに基礎を置いてきたはずで、納税者と有権者のズレは問題ないというのが租税法学者の普通の考え方だと想像していた。両者のズレを問題にした渕会員の議論の前提を伺いたい。

報告者（渕）　金子説は、租税法律主義があるというものの、予測可能性の確保、行為規範としての側面を強調してきた。このような金子説に立たない場合、民主的コントロールを強調するしかなさそうだが、しかし、それほど単純なものではなく、その中での濃淡のようなものがあるのではないかと考えた。また、最後に言及した、憲法による租税のコントロールや、国際機関によるルール形成を重視する議論があるが、こうした議論は問題ではないということの前提として、有権者と納税義務者のズレを取り上げた。

6．報告者からの一言

報告者（大久保）　自然の権利では、一つの生命体のバランスを崩さないようにするということに焦点がある。いわゆる動物の権利論とはかなり異なる。中南米で、今、大きな動きがある。アメリカにも自然の権利条例が多くある。中南米の憲法をやっている先生方、アメリカのタウンの条例の研究をやっている先生方がいらっしゃったら、是非お声がけいただければと思う。

報告者（金子）　「ビジネスと人権」は、国際政治の中で、対中国への圧力として利用されている側面があることに注意が必要である。

報告者（菅原）　自己の意思による国籍の選択という観点を強調したい。1950年の国籍法制定の際、父性優先血統主義が採択され、国籍唯一の原則を実現しようとしたが、実際には重国籍が発生していた。1984年改正で父母両系血統主義が採用され、国籍選択制度によって重国籍を事後的に解消する方向へ切り替わってきた。残された問題として、国籍法11条1項がある。外国籍を取得すれば、自己の志望によって日本国籍を要らないとしたと判断される点を、どう考えるのか。様々な国が重国籍を認めていく中で、私たちの国が将来的にどのような判断をするのか、見守っていきたい。

報告者（渕）　グローバル化と憲法と租税という、与えられたテーマについて色々考え、予備研究会の時よりも雑多なものを盛り込んだが、参加者の先生方から良いアドバイスを多く頂き、司会や報告者の先生方との議論の中で内容を深めることができ、また、色々な角度から助言を頂き、非常に勉強になった。

【付記】本稿をまとめるにあたり大阪大学大学院法学研究科博士後期課程の宇多鼓次朗氏及び竹下諄氏に文字起こし作業をしていただいたことにつき、御礼申し上げる。
　紙幅の制約上、議論の内容を整理・省略させていただいた。ご寛恕願いたい。

（よこうち・めぐみ／よしかわ・ともし）

2023年憲法記念講演会

2023年5月3日
対面方式（開催校：東京大学）

終末論的西洋と21世紀の戦争

西　谷　　修　(東京外国語大学)

　由緒ある憲法記念講演会に講師としてお招きいただき、たいへん光栄に思います。もちろん、錚々たる専門家の方々がおみえの場所で、私が憲法の話をすることはできません。今日は21世紀の戦争をどう考えるかということをテーマにさせていただきます。

　というのは、私は図らずも戦争を自分の仕事の主要なトピックとしてきましたが、いま再び、世界が戦争に向けての傾斜の上に置かれているという気配があるからです。ヨーロッパ周辺では去年からウクライナで戦争が始まり、東アジアではしばらく前から「台湾危機」が物議を醸し、とくにEU諸国や日本では——第二次世界大戦以来のことですが——戦争への協力と備えが当然のように語られ、国々の政治を方向づけています。

　一方、戦争は近代の法政治思考のなかで「法措定的暴力」(ベンヤミン)と結びつけられ、主権国家の憲法の運命と無縁どころかまさにその試練です。近代国家にとっては「非常事態」ないしは「例外状態」(シュミット)として、法秩序の限界、それも溶ける限界を画する事態でもあります。

　また、いわゆるグローバル化が言われる世界状況のなかで、憲法または法秩序をめぐる政治そのものが変質しており(国家の政治なのか、脱国家化し、国際マネージメント化した経済・軍事統治なのか…、それすら事態の了解の媒体たるメディア空間によって宙吊りにされているのか…)、そのような状況下でもう一度戦争に立ち戻って、それとの関係で規範性についての考え方をあらためて問い直す必要があるのではないか、とも思われます。

　ただ、そのとき留意したいのは、私たちの世界をみる見方・考え方(民主主義諸国が専制主義諸国の挑戦を受けているとか、自分たちは民主主義の側であるといった見方)がいわば思考のOS(オペレーション・システム)のように仕組まれていて、違ったOSというものが想定できなくなっているのではないかということです。実際この情報化した世界では、コンピューターのOSは米国製と決まっています。それ以外は「不正なもの」として政治的に排除されてきました(日本にも作らせなかったし、中国は排除する)。たとえば、アフリカやラテン・アメリカの人びとは、世界の情勢を西側とはまったく

違ったふうに受けとめるだろうけれども、そういうものは日本の国際情報理解のなかには入ってきません。つまり私たちの思考の OS はデフォルトとして西側製だということです。これは認識上の普遍主義の問題でもありますが、そのことを念頭に置いておきたいと思います。

1．世界戦争とは？

　クウラゼヴィッツはナポレオン戦争の時代に初めて「戦争」を体系的かつ原理的に考察しました（戦記でも兵法書でもなく）。戦争が本格的に近代の国民戦争になった時代です。その前提としては戦争が国家間戦争だということがあります。だから「戦争とは別の手段をもってする政治の延長」なのです。そして彼は戦争そのものに内在する論理と現実の戦争とを区別して考察しました。

　ところで、私が戦争について考えるようになったのは、20世紀に世界戦争が起こり、われわれはその後の世界を生きているという認識からです。世界戦争とは英語では《World War》ですが、その規定は歴史学で言う第一次世界大戦、第二次世界大戦という区別とはズレています。それはむしろ世界戦争の二つのフェーズだったと言えるでしょう。世界戦争とは「世界中が同じ一つの戦争に呑み込まれた」ということ、「戦争のうちで世界は（人類は）一つになった」ということを意味します。この場合「世界」というのは単なる地理的な広がりを言うだけではありません。フッサールは「生活世界」を概念化しましたが、その「世界」とは人間の生きる活動の奥行すべてを意味します。ハイデガー以来「世界内存在」という言い方もあります。そのような言い方は20世紀に顕著になったのですが、たとえば戦争というとき、ある戦場で兵士たちだけがぶつかるのではなく、人びとの生活世界、軍事を組織している社会、国に動員される人びとの意識までもが駆り出され、誰もが局外に立てない「全体的」戦争になります（それは「総力戦」と呼ばれました）。そのような意味でも「世界」全体が戦争化した、それが「世界戦争」という表現には含まれています。

　その意味で、「世界戦争」論は避けがたく哲学的になるし、また政治を一局面として包摂するような存在論的考察になります。ここでは踏み込みませんが、その戦争論の出発点は「人は主体としては死ねない」ということが露呈した20世紀の実存状況です。そのことがアウシュヴィッツやヒロシマの出現によって示され、われわれの以後の存在規定はそこから始まるというのが私の戦争論の出発点です[1]。

　戦争はもちろん、人類の歴史の初期からいたるところでありました。集団の形成はいつも内外の争いを伴っていました。しかしそのような戦争の考察は、価値判断を超越した人類学的なものになります。バタイユやカイヨワ、ルネ・ジラール等は、人間の集団的存在の事象として戦争にアプローチしました。けれども、なぜ戦争は地域的特殊現象ではなく、あるとき「世界戦争」になったのか？そう問わないわけにはいきません。なぜ、いかにして？と。そうすると、文明史的に「西洋の世界化運動」というものが浮び上がります。

　大きな広域の戦争はそれ以前にもありました。エジプトとか、ローマによる地中海世界の制覇もそうだったでしょう。一三世紀のモンゴルの大遠征はユーラシア世界を席巻したもっと大規模な出来事でした。しかしモンゴルは遊牧民の国でしたから、勢いで息の続くかぎり遠征を広げたとしても、そこには世界全体を統合しようなどという構想はなかったわけです。だから「戦争機械」（ドゥルーズ）という言い方があたっていなくもありません。世界を全体として統合するという構想をもったのは「キリスト教西洋」だけだったと言っていいでしょう（イスラームにも「全体」という観念はなかった――神は擬人化されない無限定なものだから）。その「西洋」が「世界化運動」に乗り出しました[2]。

2．西洋（オクシデント）の世界化運動

　西洋文明の出発点は、ふつう言われているような古代ギリシア・ローマではありません。西洋とはオクシデントの訳語ですが、オクシデントとはローマ帝国分裂の際の西側のことを指します。その地域に、ローマ教会を軸として自己主張（定立）する制度体制ができたのは一一、二世紀のことです。アメリカの法学者のハロルド・バーマンらが「教皇革命」という表現でその出来事の意義を強調しましたが、それをローマ法（東ローマで編纂された）とカトリック教会の結婚という形で解釈し直し、法制度的かつ構造的に「西洋」というものの成立ちを明かにしたのはフランスの法制史学者ピエール・ルジャンドルです。その見解を簡単に要約しましょう[3]。

　キリスト教はもともとその神話的要素（天地創造等）はユダヤ教を引き継いでいますが、部族的な掟への隷従を廃して「神への信」を発明し（「新しい契約」と言われるもの）、帝国統治下で従来の共同性基盤を失って流民化した人びとの間に広まりました。そのためキリスト教は、十戒は別として地域共同性に根ざした生活上の規範（掟）をもっていませんでした。その欠

を埋めたのが、東ローマ帝国で編纂されやがて西側に導入された「ローマ法大全」だったわけです。それは土俗の慣習とは切り離された、どこにでも適用できる「技術的」要素としてオクシデントに統合され（ローマ・カノン法の整備）、これによってローマ教会は神の国と地上の国との双方を統べる法規範を備え、その頂点に生ける「神の代理人」として教皇が君臨するという制度的体裁を整えました。そして教皇は「全世界を罪から救い出し（解放し）」、「地上に天国を招来する」ことを使命として掲げることになります。

　その後、アラビア由来の数字と諸技術を貪欲に吸収し、「発展」のドライブを得て西洋世界が大西洋を新たな「地中海（地の中継ぎの海）」として外部に進出してゆくのは一五世紀以後ですが、われわれの知る「西洋（オクシデント）」の出発点はここにあるのです。

　「西洋」はこのように東方を陰にして自己確立し、それ以来、内部の世俗化（宗教改革以降の「政教（公私）分離」と信仰の棚上げ、社会の合理的かつ効率的な組織化と運営）を進めると同時に、世界の「改宗」（征服と同化の展開）に乗り出すわけです。諸国家は教会をまねて、法による一元統治の枠組みとして「主権者」のもとに信者ならぬ国民を束ねて成立し、やがて宗教戦争を収めるかたちで主権国家間秩序を作り上げます。これがウェストファリア体制と呼ばれる近代の国家間秩序（国際法体制）です。

　その間に、国家や戦争の論理（主権論やローマ法に基づく征服の論理から国際法まで）、そして法と権力をめぐる諸議論もこの「西洋」の形成と展開のなかで練り上げられてきました。（「新世界発見」を機にした自然法論議や人権論議もありますが、その論議のなかで問われなかったのは、誰が「発見」したのかということ、つまり西洋が「主体」であることは不問の前提だったのです。）

　ウェストファリア体制のもとでの各国の産業化（これは国境を超える通商・経済に関わる）が起こりますが、西洋諸国の以後の海外展開はこの秩序の拡大になります。

　そのプロセスを「西洋の世界化」と呼んでおきましょう。それは、西洋が地理的に世界に進出するというだけでなく、西洋が文字どおり「世界」となるプロセス、つまりそのような歴史的運動だったと言っていいでしょう。そしてそれがまさにパフォーマティヴに世界に書き刻まれる近代の「世界史」なのです。その際の時間軸は、キリスト教の終末論的時間の転用、つまり世俗的進歩と解放の未来へと向かう時間です。細部には踏み込めませんが、このプロセスを理解するには、私たちなら日本の近代国家形

成と社会の西洋化のプロセスを考えてみればわかるでしょう。西洋諸国が押し寄せ、何かとんでもないものがやってきたということで、とにかく西洋の文物を翻訳し、その諸制度や技術や考え方を学び、それを取り入れてみずからを相手に似せていかなければならなかったのです。そうして初めて西洋由来の国際秩序（国家間競争）のメンバーとして認められる、それが日本近代の発展のプロセスでしたが、同時にそれは西洋的秩序への統合同化の過程でもあったわけです（「脱亜入欧」、憲法制定、植民地帝国化で国際連盟常任理事国へ）。

3. 「世界化」の成就

　クラウゼヴィッツが『戦争論』を書くのに先立って、ヘーゲルが『精神現象学』（1804年）を書きました。これが評価されたのは20世紀になってからでしたが、まさに西洋が爛熟を通りこして黄昏に落ちる時期に、西洋はこのヘーゲルの「現象学」的論理が、世界化する西洋文明の文字どおりの「自己意識」を記述したものだと悟ったのです。闇の中に精神が「否定性」として立ち現れ、周囲を照らし出し、理性の力で他者を征服同化してみずからを世界化する、あるいはみずからを世界全体として現実化する。ヘーゲルは存在の展開を、否定性を契機とする理性の現実化として語り出し、その弁証法的プロセスを現在に至る「戦いの歴史」に重ねました。そして完了した歴史は無時間的な「現在」に溶け込むというのです（それを百年後のハイデガーは「日常性」として捉え返しました）。

　ところが「世界化」の完了は、地上の王国の輝かしい大伽藍のように実現したのではありませんでした。戦い（自然と他者の征服と同化）の拡大行程は、ついに世界大に広がる劫火のなかに、全体を呑み込みました。戦いの文明の成就は、まさにその文明を終わらせる世界の戦争化として現実化したのです。

　それが呆然自失の中にもう一歩の「自覚」を促します。そこからの再生の道は否定（生産）の論理とその帰結としての相互破壊を撓め、統合をめざす世界化を、他者承認と関係の中での相互自立、共存・協調の関係へと転化してゆくしかないということです。その「自覚」が生み出したのが、世界人権宣言を原理的な理念表明とした多国間の国連秩序だということができるでしょう。世界化した秩序の「主体」は二重です。人は個人であると同時にその権利を保障する国家にも属しており、国家は国際秩序において他と同等の主体としてふるまいます（主権）。けれども個人は国家からも

守られねばなりません。そのため個人の社会的自立を保障するために、産業化を前提とした労働権の確保が重視されました（フィラデルフィア宣言とILO）。それは生存権の具体化だともいえます。そして戦後は、相次いでアジア・アフリカの諸国が西洋の植民地支配から独立することになりました。今では国連は二百を超える独立諸国家の相互承認機関、戦争ではなく他のやり方で相互調整する「世界」の場となったのです。

　もちろん、そんな単純な話ではありませんが、エッセンスだけをとればそうまとめてもいいでしょう。簡単に言いかえれば、西洋近代が生み出し、その世界化の原動力となってきた近代の諸価値が、西洋以外の国々にも認められ導入され、共有されることで逆に西洋だけのものではなくなる、つまり世界に「分有」されて普遍的なものになる、ということです。それがじつは「歴史の終焉」、つまり西洋化の成就ということではなかったでしょうか。西洋による普遍の主張は失効し、その諸価値（自由でも民主主義でも富の追及でも…）は世界各地にも広められ、もはや西洋独自のものではなくなって、西洋はその多元的世界の一地域に戻るということです。

４．二つの西洋の交代と冷戦

　ところがそうはならなかったのは、すでに西洋が二つに分かれていたからです。というより、二度の戦争で西洋（西側）を勝利に導いたのは事実上アメリカ合州国でしたが、そのアメリカが「古い西洋」の没落を引き留め、以後の「西洋」を更新したのです。

　アメリカはもともと、ヨーロッパのウェストファリア体制からスピンアウトして、「自由の新しい西洋」を西半球に築こうとしました。それがモンロー主義の姿勢でした。

　アメリカとは何か。それは「無主地」とみなされた新大陸に、近代ヨーロッパを純粋移植して開かれた「新世界」です。ヨーロッパ諸国による異世界統合がいわば弁証法的で、軍事を含めて文明による他地域・多民族の奴隷的支配や従属同化統合だったとすると、アメリカの創設は、先住の他者を無化した上での「新世界」の設定でした。そこに、「所有に基づく自由」を原理とする制度的世界を開き、「アメリカ人」の自由を保障する連邦国家として──「古いヨーロッパ」の軛を断ち切って生まれたのが、この新大陸で唯一アメリカの名を専有することになった合州国でした。東部13州で始まったこの合州国は、百年足らずで領土を太平洋岸にまで広げ、その大地を不動産と化し自然を資源化することで膨大な財を生み出すとと

もに、そこに導入された技術産業システムを自由競争でフル稼働させ、一九世紀末には世界一の工業国となって海外進出を始めます[4]。

　アメリカの進出は、「古いヨーロッパ」のような帝国支配ではなく、むしろ現地を植民地から「解放」し、そこに「所有に基づく自由」を据え付けて市場に組み込み、富裕層に統治させる（でなければ軍事支配）という「市場への解放」で、いわば「新世界」原理の適用でした。その嚆矢が米西戦争によるキューバとフィリピンの「解放」です。

　そのアメリカにとって世界戦争は「古い西洋」の破局だったに過ぎず、その間も軍隊と物資を外に供給するだけで、人的被害以外一度も戦争の惨禍の舞台となったこともなく、むしろその戦争は「新しい西洋」が世界を領導する歴史的な機会となったのでした。「古い西洋」も、それに倣った「脱亜入欧」の日本も、全面戦争の惨禍を経験し、科学産業時代の全面戦争にはほとほと懲りるのですが、アメリカはそうではなかったのです。そればかりか、他国の戦争を不可能にする絶対兵器ともいうべき核兵器を手にし、それによる「抑止」効果で世界秩序を制することのできる立場に立ったのです（不可能な戦争が可能な唯一の国となる）。

　ところがそこにライバルとして現れたのが、ヨーロッパから共産主義を導入し、西洋諸国の警戒を受けながらその崩壊の中で対独戦争を勝ち切ったソ連でした。ソ連とアメリカの敵対はたんに利権の対立ではありません。ソ連は私有財産の否定を制度の根幹とした初めての国家（連邦）で、その論理基盤としての階級闘争を国際化する拡張傾向をもっていました。その意味で「所有に基づく自由」の「新世界」を自任するアメリカにとっては不倶戴天の敵です。その両国が「相互確証破壊」と言われる核均衡の下に、世界を二分してにらみ合う時代が、その後40年間続きました。

　それが世界を東西両陣営に分けた「冷戦」ですが、この対立は従来の国家群の対立ではなく、体制とその諸価値をめぐる対立でした。その一方は「ウエスト」と呼ばれます。しかしこの東西の区分はこのとき初めてできたものではなく、アメリカの自称する「ウエスト」は西洋的歴史の連なりからしてかつての「オクシデント」を引き継ぐものです。日本語ではしばしば（今でも）「西側」と言いますが、その元は日本で「西洋」と訳される「オクシデント」です。だからこの対立で西側というのは「西洋圏」のことでもあったのです。

　また、リップマンの著書にならって「冷戦」と呼ばれますが、これはあらゆる意味で古典的な戦争の枠組みを変質させてしまいました。だいたい

戦争が起こせないというかたちで遂行されるわけですから。実際には、植民地独立期には各地で「代理戦争」が起きます。それは地域限定でしたが、核兵器以外のあらゆる大量破壊・殺戮兵器がまだ国家にならないゲリラ相手に投入される、無法で凄惨な戦い（「汚い戦争」と言われた）でした。

5．冷戦の「解凍」効果

　冷戦は、社会の長期停滞を打開する改革の試みを契機にソ連邦そのものが崩壊することで終わります。これをアメリカのあるイデオローグ（F・フクヤマ）は「自由民主主義の最終的勝利」と意味づけました。当時「国家から市場へ」の統治の場の変容が語られましたが、世界をグローバルな市場に一元化し、各国政治の制約から極力「市場」作用を自由にするという「新自由主義」のドクトリンが世界標準として課されるようになります。そしてその秩序を守るというのがアメリカの軍事力維持の口実になりました。

　ソ連の解体で核兵器を含めてアメリカの軍事力は突出したものになり、これ以降、事実上戦争ができるのはアメリカ合州国だけになりました。また、F・フクヤマは40年遅れで「歴史の終り」を語りましたが、たしかにこのとき、冷戦構造が凍結していた世界戦争後の「要請」が解凍されて再浮上することになったのです。世界戦争の後始末、たとえば、冷戦下で棚上げされていたアジア諸国の民衆レベルでの加害国への諸要求です。だからこの頃から、それに反発する「歴史否認」の動きが活発になり、それがグローバル世界での新たなナショナリズムの醸成要因になりました。そして日本では、もう一度「西側」への帰属が政府筋からあらためて打ち出されるようになったのです（「西側的価値の共有」）。

　それはさておき、世界秩序そのものを担うと自認して超国家化したアメリカに新たな「敵」が現れる。というより、すでに冷戦の末期からイギリスでは西側の覇権に挑戦する新たな「敵」はアラブ・イスラーム世界だと囁かれていました（サッチャー）。そして事実、石油資源の確保を目指すアメリカのアラブ・イスラーム政策は、その地域から多くの反発を生み出します。そして21世紀に入ると「アメリカの9・11」が起こり、アメリカは西側諸国を抱え込んで「テロとの戦争」を開始しました。

6．「アメリカ新世紀の戦争」[5]

　「テロとの戦争」は戦争を語る従来の論理を崩壊させました。戦争の主

体は法的には国家ですが、この戦争は「非対称的戦争」と言われました。最強国家が他国を引き込み、当事者能力を認めない「敵」を設定して戦争を発動したわけです。以来、戦争法に関わるあらゆる論理は溶解しました。まさにウェストファリア論理は失効させられたわけです。

その根本は、「テロリスト」という語の概念化です。これは、罰せられずに殺すことのできる非人間のカテゴリーで、存在論的には絶対悪ということになります。存在を蝕む非存在というわけです。これについてはG・アガンベンがローマ法の「ホモ・サケル」という用語を喚起して強調しました。これは実は、戦後世界の大原則として打ち出された「普遍的人権」の適用外のカテゴリーを作ることです。基本的人権はアウシュヴィッツのような経験を経て、あらゆる人間の存在する権利として認められました。しかしそれは、主権的暴力を発動する国家にとっては都合の悪い制約になります。「テロリスト」が政治用語に昇格するとどういうことになるのか。それは、不特定の「敵」に対する殲滅戦として、国家の暴力の恣意的発動を無制約化することになります(6)。

この胡乱な用語を規範語に昇格させ、「敵」をテロリストと規定することで、アメリカ大統領はグローバル秩序の主権者のように振舞い（「例外状況」に関して決定する者を主権者と言う）、アメリカはグローバル次元の戦争ならざる「戦争」レジームを敷設したのです。これば国連秩序を巻き込んで、しかしそれを半ば避けながら行われました。というのも、少なからぬ国々、とりわけ非西側の国々はアメリカの決定に同意できなかったからです。

この「テロとの戦争」はしだいに破綻し（逆効果で世界に底なしの混乱をもたらした）、20年後のアフガニスタン撤退で終結したことになりましたが、その結果は政治的かつ経済的な「アメリカの威信」の失墜でした。

爾来アメリカは、みずから直接武力介入せず、「紛争」対処を現地諸国諸勢力に委ね、武器・戦略支援でコントロールする方針に転換しました。言いかえれば冷戦期と同じような「代理戦争」態勢です。バイデン政権はそのために「民主主義国 vs. 専制主義国」という対抗図式を打ち出しましたが、これは「西側諸国 vs. ならず者国家」の言い換えに他なりません。そして国連は「西側的価値」を共有する国際機関だとして国連加盟国全体を引き回そうとしますが、「西側的価値」とは上に述べてきたようにきわめてイデオロギー的なもので、とりわけ西洋諸国による植民地支配から独立した国々や、アメリカの市場・資源支配に苦しんできた国々には「額面」としてしか通用しないものです。とりわけロシアの侵攻以来のウクラ

イナの戦争を契機として、そのことが今や明らかになってきているようで
す（トルコや中国あるいは国連が調停に動こうとしても、米国および西側諸国がウク
ライナ支援を求めるから、ウクライナ自体も動けない——米国はこの戦争の実質的「管
理者」であることを隠していない）。それだけでなく、東アジアでも中国を過
度に刺激し、「代理戦争」を執拗に準備しているように思われます（日本は
中国との交渉もせず、無条件にその尖兵になろうとしている）[7]。

7. 西洋の更新された終末と回帰する戦争

　いま明らかになりつつあるのは、「西洋」が全世界ではなく、むしろ特
殊な歴史的役割を帯びた一地域でしかないということでしょう。G7西側
先進国と言いますが、それは世界の主導国というより今では既得権益グ
ループでしかありません。グローバル化以降、技術経済の先進性だけが世
界での重みの尺度ではありません。まず人口があるしそれぞれの地域の特
性があります。だからG7の意向や決定よりも、より広域の主だった国々
を含めたG20の方が、国際社会で重みをもちつつあります。そうなって初
めて、西側は「グローバル・サウス」の重視を打ち出し始めました。それ
は、これまで無視してきたことの裏返しでもあります。世界が共同で対処
すべき地球環境問題にしても、実はG7は非西洋の諸国をまず支援しない
ことには芥川龍之介の「蜘蛛の糸」の話のようにしかならないでしょう。

　世界戦争は「西洋の世界化」という「歴史的プロジェクト」の成就だっ
たと言えます。つまりその「完遂」は最終的破綻を引き起こしました。そ
のプロジェクトによって世界は一つになりましたが、ひとつになった以上、
もはや力の支配の原理では共存は成り立ちません。つまり、西洋原理の世
界化・普遍化は「西洋」そのものを世界の中に解消し、「西洋」をもはや
そうは呼ばれない（そう規定されない）国際世界という大海のうちの一地域
に戻すはずのものだったでしょう。カリブ海の思想家E・グリッサンは
「グローバル化」に対する「クレオール化」を、一元化に対する多様化の
モデルとして提起していました。

　世界戦争後、「古い西洋」にはそれを受け入れる構えがありました。西
洋のユートピアが結局はディストピアに他ならないことを思い知ったから
です。しかしそこに「西洋の没落」を受け入れられない「啓蒙家」たちも
いました。彼らは戦争を勝ち抜いて懲りなかった「新しい西洋」に合流し
ます。その「新しい西洋」は初めから「自由のユートピア」として、「新
世界」として自己形成しました。そのため、「古い西洋」の挫折を「古

さ」ゆえの躓きとみなし、世界の更「新」を担い推進してゆくことで、「西側」をイデオロギー的に作り変えたのです。つまり異物たる「悪」をどこまでも成敗する「自由民主主義」の権化であると（自然の所有権化、持てる者の正義という論理）。

　ところがグローバル化の後、克服しがたい「異物」が現実になりました。要するに2020年代後半にはGDPでアメリカを凌駕すると予測された中国です。中国はそれだけで「悪」なのでしょうか。この150年の世界史を見るかぎりそうは思えません。しかしアメリカにとってはそのようです。この避けがたい「敵の優位」を何とか阻止し、その帰結を繰り延べるのが、いまや「自由」のアメリカの最後の戦い（代理戦争）になっているかのようです[8]。ただ、それは不可能な戦いなので、無時間的に繰り延べられるしかないのでしょう。

　20世紀の半ばに起こった世界戦争が何ものでもなかったかのように（それを歴史否認と言うべきでしょう）、今また世界は分断され、戦争が潜在と顕在との喫水線上に浮沈しているかのようです。けれども西洋的歴史の物語枠からすれば、すでに時はアポカリプスの時代に入っており、今はまさに世界の各地が天国か地獄かに振り分けられる時であるかのようです。先進国（アメリカ）は一方でデジタル・ヴァーチャル化で「地獄」からの脱出の方向を向いているのでしょう。宇宙進出は民営化され、それがいかに妄想的であっても富裕層の火星移住も計画されているようです。その際、地上に残るのは温暖化や大気汚染でゆるやかな地獄と化した地上の人びとの世界でしょうか。それが、フィリップ・K・ディックの小説『アンドロイドは電気羊の夢を見るか』（1968年）を翻案したR・スコットによる映画『ブレードランナー』（1982年）の描き出す世界です。アメリカが文明世界の鑑となったころ、H・ハクスリーは『素晴らしい新世界』（1931年）を書きました。そして核と情報技術が爆発する頃、フィリップ・K・ディックがこの作品を書きましたが、今、アメリカ的想像力はどのような「未来」を語りうるのでしょうか。

【追記】憲法にしても、法と政治に関しても、われわれの議論やテーマ立てをあらかじめ規定している「思考のOS」を、一度「西洋的」なものとして相対化してみる必要があるのではないかというのが、「戦争」から考えるというこの講演の趣旨でした。とりわけ、明治以来「脱亜入欧」で発展し、それで破綻しながら、その挫折を忘れてふたたび「脱亜入欧（米）」

に溺れている現代日本の知的状況をも念頭において。それ自体西洋的な「ユートピア」は、その時が来るといつも「ディストピア」だと分かるという、抜きがたい「終末論的時間」（歴史意識）の呪縛を解くことも含めて。

　ウクライナの戦争をすっかり色あせさせて、イスラエルの「テロとの戦争」がガザのパレスチナ人230万人の「殲滅」を公然と敢行している2023年の年末に。

(1)　西谷修『不死のワンダーランド』（青土社、1990年〔増補新版2002年〕）参照。『戦争論』（岩波書店、1992年〔講談社、増補新版1998年〕）はそこから生まれた。
(2)　それをテーマ化したのが西谷修『世界史の臨界』（2000年、岩波書店）。
(3)　ピエール・ルジャンドルの仕事の出発点にあるもので、晩年 L'autre Bible de l'Occident, le monument romano-canonique, Paris, Fayard, 2009で再記述されたが、邦訳で参照できる著作は森元庸介訳『西洋をエンジンテストする——キリスト教制度空間とその分裂』（以文社、2012年）など。
(4)　西谷修『アメリカ 異形の制度空間』（講談社メチエ、2016年）で詳細に記述。
(5)　「テロとの戦争」開始時、アメリカのテレビニュースに常時掲げられたテロップの表現。「アメリカ新世紀プロジェクト」という有力なシンクタンクもあった。
(6)　西谷修『〈テロル〉との戦争』（以文社、2006年）参照。
(7)　ウクライナの戦争に関しては錯綜する議論があることは承知しているが、ここでは踏み込めない。これが古い民族抗争ではなく「21世紀の戦争」の一画であることだけ指摘しておきたい。
(8)　成立直後のバイデン政権は中国代表団をアラスカに呼びつけてその「野心」を頭ごなしに譴責したが、それが中国にとっては、義和団の乱後の北京会議（米・欧・日への屈服）120年にあたることを、ブリンケン国務長官は知らないかのような振舞いだった。

（にしたに・おさむ）

「表現の不自由展・その後」のその後

愛 敬 浩 二 （早稲田大学）

1．なぜ「表現の不自由展・その後」の話をするのか？

　「表現の不自由展・その後」をめぐる騒動については、ご記憶の方も多いと思いますが、簡単に事件を振り返っておきます。詳細は参考文献⑥と⑨をご覧下さい。

　「あいちトリエンナーレ2019」（以下「あいトリ」と略す）の展示企画の一つとして「表現の不自由展・その後」（以下「不自由展」と略す）が開催されたところ、「あいトリ」事務局に対してメール・電話等による匿名の嫌がらせや攻撃が行われました。止めを刺したのは、8月2日に「あいトリ」事務局に届いた「要らねえだろ史実でもねえ人形表示。FAX届き次第大至急撤去しろや。さもなくば、うちらネットワーク民がガソリン携行缶持って館へお邪魔しますんで」というFAXです（以下「脅迫FAX」と略す）。批判派が特に問題視したのが〈平和の少女像〉（金運成・金曙炅）であったことがわかります。大浦信行〈遠近を抱えて〉や中垣克久〈時代の肖像〉等の作品も攻撃の対象になりました（以下「主要3作品」と略す）。

　大村秀章・愛知県知事（「あいトリ」実行委員会委員長）と津田大介・芸術監督は、「不自由展」実行委員会に相談しないまま、展示中止の決定をします（8月3日）。わずか3日間の展示でした。「不自由展」実行委員会のメンバーが展示再開を求めて名古屋地方裁判所に仮処分申請を行ったところ、「あいトリ」実行委員会との間で和解が成立し、「不自由展」は厳しい制限の下で再開されます（10月8～14日）。再開初日の午後、河村たかし・名古屋市長は賛同者と一緒に愛知県芸術文化センターの前で座り込みの抗議をしたのですが、河村市長が手にするプラカードには、「日本国民に問う　陛下への侮辱を許すのか！」という煽動的なメッセージが大書されていました（中日新聞2019年10月9日朝刊）。

　名古屋大学の教員だった私は、地域の研究者や芸術家と一緒にシンポジウムを何度か開催し、交流を深めました。愛知県弁護士会主催のシンポジウムではパネリストとして、「不自由展」実行委員のアライ＝ヒロユキさ

んと一緒に登壇したこともあります（2020年2月1日）。とはいえ、会場に足を運んで下さった憲法学者の皆さんは、私がこのテーマを選んだことに驚いているかもしれません。というのも、私はこれまで一度も、表現の自由に関わる研究論文を書いたことがないからです。もちろん芸術については素人です。そんな私がなぜ「不自由展」の話をするのか。十分な説明が必要だと私も思います。

松本武顕『ハトは泣いている』（2017年）は、彫刻家・中垣克久さんの作品〈時代の肖像〉が東京都美術館から撤去を求められた事件と「9条俳句」の事件を取り上げたドキュメンタリーなのですが、最後の場面で中垣作品に貼られた「九条改憲がもたらすもの」という新聞記事がクローズアップされます。その文章を書いたのは私ですので、実は私も「当事者」の一人なのです。ただし、私に「当事者としての特権」があるとしたら、東京都美術館の事件を切っ掛けとして始まった中垣さんとの交流です。『ハトは泣いている』の中で中垣さんは、「アートと政治をごっちゃにしたくないんですよ、僕は。アートと思ってみてくれりゃいいんですよ」と発言しているのですが、何度も会って話をしてきた「当事者」として、中垣さんの本心だと私は確信しています。

この講演では、「当事者」としての経験と思索を踏まえて、「芸術家の表現活動の自由を確保することが、私たちが生きる社会に対していかなる意味を持つのか」という問題を、私なりに考えてみたいと思います。

2. 名古屋市負担金訴訟と名古屋市側の言い分

講演のタイトルを「『表現の不自由展・その後』のその後」としたのは、名古屋市の負担金不交付決定に関わる問題をお話したいと考えたからです。名古屋市「あいちトリエンナーレあり方・負担金検証委員会」（以下「検証委員会」と略す）が2020年3月27日、名古屋市の負担金の未払い分（3380万円）の不交付を容認する報告書をまとめると、河村市長は即日、負担金不払いを表明しました。検証委員会はたった3回の会議で、それも多数決（3対2）で報告書をまとめたのですが、実際に展示を見たのは、5人の委員のうち田中由紀子委員（美術批評家）のみだそうです（参考文献⑨219-230頁）。

「あいトリ」実行委員会は未払いの負担金の支払いを求めて名古屋地方裁判所に提訴します。判決の詳細に立ち入る余裕はありませんが、第一審（名古屋地判2022年5月25日）と控訴審（名古屋高判2022年12月2日）のいずれも、名古屋市の全面敗訴の結果となっています。それでも懲りずに名古屋市は

上告しました（2023年3月7日）。名古屋市の「言い分」は後に確認しますが、それはひどい内容です。判決文を含めて関係資料は名古屋市のHPから入手できるので、ぜひご自身の目でご確認下さい（参考文献⑫）。

2022年7月、控訴に関わる名古屋市の公金支出（控訴費用や弁護士費用等）は違法・不当であるとして、名古屋市民176名が市の監査委員会に住民監査請求を行いました。自衛隊イラク派兵差止名古屋訴訟でもご一緒した田巻紘子弁護士のお誘いで、私は弁護団会議に参加し、市民集会で講演しました。弁護団会議の席上、「勝訴の見込みがない安易な控訴だからといって、その費用を違法・不当といえるのか」という疑問が、（勝ち目の少ない？）憲法訴訟に熱心に関わってきた弁護士さんから出されました。たいへん重要な問題提起でしたが、私は勝ち目はないと思うが監査請求すべきと発言しました。その理由は、河村市長が負担金訴訟を自らの政治的プロパガンダのための機会にしており、それも市民の税金を使って行っていることを多くの人に知ってもらう必要があると考えたからです。

負担金訴訟における名古屋市の主張が、河村市長の政治的プロパガンダであることを確認するため、まず、河村市長が大村知事に対して出した「公開質問状」（2019年9月20日）での主張を確認します。なお、引用中の傍点は私が付したものです。①〈平和の少女像〉について、「慰安婦が旧日本軍に『強制連行』されたという虚偽の歴史認識を前提として……反日感情をかき立てる目的で、日本大使館前に立てられた造型と同じ、意匠・形状の造型である。当該少女像の英語の説明書には、『Sexual Slavery（性奴隷）』と明記されていたとの報道もあるところ、歴史的事実に反し、日本国及び日本国民を侮辱するものであるとの批判が出されることが当然に想定される作品である」。河村市長の歴史観が脅迫FAXと同じであることを確認しておきましょう。②中垣作品について、「多くの県民は、先の戦争で戦死された方々への侮辱を含む趣旨の作品であると認識するものと考えられる」。③「私人の『表現行為』について、行政がこれを『規制』する場合と、これを『援助』する場合とを分けて考察する憲法解釈があることを御存知か」。表現内容を理由とする規制は裁判所の厳格な審査に服するが、表現内容を理由とする給付の撤回は政府に裁量権が認められるという「規制・給付二分論」という考え方がありますが、③の主張は単純で厳格な規制・給付二分論であると評価できます。

「控訴理由書その1」（2022年7月19日。以下「理由書」と略す）で名古屋市は、④芸術祭は「公共事業」であり、市長には事実上無制約の自由裁量が認め

られる、⑤主要3作品は鑑賞者に対する「ハラスメント」に当たる、⑥主要3作品は「公共事業」に求められる「政治的中立性」が欠如していると主張しています。④は河村市長の単純で厳格な規制・給付二分論の法的体裁を整えたものと評価できますが、芸術展を「公共事業」に位置付けて市長の事実上無制約な裁量権を正当化する一方、それに対する裁判所の審査権の範囲を局限しており、現在の判例・学説の水準を反映していません。ただし、その詳細には立ち入らず、私が住民監査請求に賛成した理由を説明するため、⑤に関連する理由書の主張を紹介します。

⑦「芸術祭に訪れた『鑑賞者』を不快にさせたり、作品のモチーフとされた人物（例えば、昭和天皇、戦争犠牲者ら）の尊厳を傷つけることを問題視しており、本件3作品等について、『ハラスメント』に該当する」（28頁）。⑦この評価が著しく合理性・妥当性を欠くものでないことは、「開幕早々、中止を余儀なくされる程度に、本件3作品を中心に批判・抗議が集中していたことに照らしても、明らかである」（34頁）。「敵対的聴衆」の中心人物である河村市長が「敵対的聴衆」の存在を理由として負担金の支払いを拒否できるというのですから、驚くべき主張です。⑦〈平和の少女像〉について、「いわゆる従軍慰安婦像と同一作者、同一形状の実物であって、韓国の市民団体が、ソウルの日本大使館前などに設置し、旧日本軍があたかも韓国人女性を戦場に強制連行し、『性奴隷』にしたという政治的メッセージを含むものである」（21頁）。⑦「慰安婦像は、このような史実に基づかない韓国民の政治的主張を含むものであり、日本国ないし日本国民に対する嫌がらせないし侮辱（『政治的プロパガンダ』）の手段として、全世界で用いられている造形であるから、そのような像を公衆の目に触れるような場合……多くの日本人にとって、著しい嫌悪感・不快感を抱きハラスメントとなる」（32-33頁）。⑦中垣作品について、「先の戦争で犠牲となった神風特別攻撃隊を含む旧日本軍兵士への侮辱や揶揄を含むものと受け取られる可能性が高く……鑑賞者に憎悪の情や不快感を抱かせるものであるから、ハラスメントに当たる」（33頁）。

以上のとおり、作品評価に関わる①と⑦⑦、②と⑦の主張内容はほとんど同じです。河村市長が自分のお金で裁判をしているのであれば、ご自身の歴史観を披歴するのも自由でしょう。しかし、このような主張が名古屋市民の税金を使って行われているのです。なお、理由書は⑦の「多くの日本人」について、特段の理由を示すことなく「圧倒的多数の日本人，特に史実や政治を正しく理解している日本人」と断定しています（33頁）。脅迫

FAXと同じ内容の①と⑦⑤は、私にとっては一方的で過激な政治的主張
ですが、河村市長からすれば、そう考えるお前は「圧倒的多数の日本人、
特に史実や政治を正しく理解している日本人」ではないということになる
のでしょう。私も名古屋市民でしたので、自分が収めた税金を使ってこの
ように断定されるのは「ハラスメント」だと反論したい気もしますが、そ
れはともあれ、「公共事業」の「政治的中立性」を厳しく求める河村市長
は、市民の税金を気ままに使って公の場でこんなに過激な政治的主張をし
ています。「このような公権力の恣意を許していいのか」。この疑問が住民
監査請求に賛成した理由です。

3．芸術・民主主義・表現の自由

　河村市長の言い分には呆れているのですが、私が最も問題視しているの
は、検証委員会の山本庸幸委員長（元最高裁判事）の一連の発言です。検証
委員会の初会合で山本委員長は、①「多分、芸術に関する展示というのは、
芸術を皆さんで一緒に楽しむという比較的平和的な催しなものですから、
そこにそういう政治的な闘争を持ち込むのは良くないということで、そう
いう基準になっているのではないかと推察するわけです」と述べたそうで
すが（参考文献⑨222頁）、検証委員会報告書の「（参考）その他当委員会の委
員の個別意見」（2020年3月27日）では、次のように論じています。②「行
政側は、資金を出す側ではあっても、展示内容にいちいち口を出すことは
控え、芸術家側はその期待に応えて展示を成功させるために、芸術監督の
権限やキュレーションを通じて、観客が著しい嫌悪感を抱くような展示、
一方的な政治的プロパガンダその他あまりに政治的な展示、刑法に抵触す
るほどの性的な展示等を控えたり、あるいはその展示方法を工夫したりし
て、その展示が一般観客に与える不快感や衝撃を調整するような自律的な
配慮がなされてきたことは事実であったと考えられる」（8頁）。
　山本委員長が個人として①のような美術展こそ望ましいと思うのは自由
ですし、②についても事実認識としてはそうなのかもしれません。けれど
も、負担金不払いに関する河村市長の言い分の検証を責務とする委員会の
長の立場で、展示を見ることもせずにこのような意見を述べるのは別問題
です。名古屋大学在職中、「あいトリ」問題以外でもご一緒する機会の
あった音楽家の三輪眞弘さんの言葉なのですが、「花鳥風月を芸術だと考
えるのはあまりにも幼稚で前時代的な（無）理解」というのは、美術館に
時々行くだけの素人の私でも、そのとおりだと思います。

「美」というものが永遠不動のものではなく、時代によって多様に変化するものであること、印象派も当初は多数派から罵倒・嘲笑された「反逆者」であったことは、高階秀爾さんの権威を借りるまでもなく、一般常識なのではありませんか（参考文献⑧3-4、78頁）。ピカソの〈ゲルニカ〉がスペイン内戦時のナチス・ドイツ軍による無差別爆撃を描いたものであることも一般常識だと思いますが、名古屋市の主張のように厳格に「政治的中立性」を要求したら、公立美術館で展示できる作品は激減することになりそうです。芸術とは「芸術作品と鑑賞者（観客）の純粋な出会いの場」ではなく、政治的な駆け引きや経済的な力学が渦巻く「不純な世界」であるとの認識も重要です。美術史家の岡田温司さんがこの認識を語るのが、ベトナム戦争の時代のアメリカの芸術家による抗議と抵抗を紹介する文脈であることを確認しておきます（参考文献⑤166-174頁）。ともあれ、「芸術家が自由にアトリエで制作し、愛好家がそこに出かけて作品を鑑賞する」という素朴なモデルで、現代社会における芸術の自由を語ることはできません。以上のことは、芸術に対する公金支出の問題を憲法学の観点から考える場合にも、議論の前提とすべきだと思います。

「芸術とは、個人的・主観的な単なる好き嫌いのレヴェルをはるかに超えた……普遍的にして哲学的な内容をもったものである」と断言する美学研究者の青山昌文さんは、「〈ゲルニカ〉が、『分かってしまうこと』の本質的不幸」について論じています。青山さんによれば、市民に対する無差別爆撃に深い衝撃を受け、激しい怒りを感じたピカソは〈ゲルニカ〉を制作したわけですが、「残念ながら、このような、言語道断なおぞましい新たな戦争の在り方は、20世紀において余りにもありふれたものとなってしま」ったから、私たちは不幸なことに、〈ゲルニカ〉を直観的・本質的に「分かってしまう」のです（参考文献②18, 230-231頁）。私自身、リバプールにある国立の The International Slavery Museum に展示されていた François Piquet の作品〈En Blanc〉との出会いによって、人種差別のおぞましい歴史と現在もそれが解決されていないことを直観的・本質的に「分かってしまう不幸」を経験し、感動のあまり立ち尽くしたことがあります（参考文献①）。芸術展は「公共事業」だから厳格に「政治的中立性」を要求すべきという名古屋市の主張は、現代における芸術作品の社会的価値を否定するものです。

芸術に関する素人談義はこれくらいにして、規制・給付二分論の問題を検討しましょう。表現内容に着目した規制（内容規制）は、時・場所・方

法に着目した規制（内容中立規制）よりも裁判所によって厳格に審査される
というのが、憲法学の一般的理解です。前者はさらに、①主題による差別
と②観点による差別に分類されます。公立美術館では政治的な展示を認め
ないというのは①に当たりますが、政治的展示であっても天皇を賛美する
展示は許されるが、天皇を批判する展示は許されないというのは②に当た
ります。②は特定の価値観のみを排除するので、表現の自由に対する侵害
度が高く、裁判所の厳格審査が求められます。

　ニューヨークのジュリアーニ市長（当時）がブルックリン美術館の展示
「センセーション」の内容が sick であるとして公金支出を停止した事件
（1999年）は、「あいトリ」問題を考える上でも参考になります。詳細は奥
平康弘さんの論考（参考文献⑦142-177頁）をお読み頂ければと思うのですが、
簡単にお話します。「あなた方は、政府の補助金をもらって、他の誰かの
宗教を冒涜する権利など持っていないのだ」と主張して、ジュリアーニは
公金支出の停止を正当化しました。河村市長の主張と似ていますね。とは
いえ、同美術館の毎年度運営資金2300万ドルのうち、ニューヨーク市から
の補助金が700万ドルというのですから、美術館側が表現の自由の侵害だ
と反発するのも当然です。ジュリアーニが特に敵視したのが、Chris Ofili
の作品〈Holy Virgin Mary〉でした。ネットで検索すれば、この作品を
見ることができると思いますが、中心に描かれた聖母メアリの周囲にはポ
ルノ雑誌からの切り抜きと推測される女性のお尻の写真（性器が見えるもの
もある）が多数コラージュされています。ジュリアーニはこの点を捉えて
「宗教への冒涜」と非難したのでしょうが、本心は別の所にあったのかも
しれません。肌の色と厚い唇からマリアは黒人女性に見えますが、敬虔な
クリスチャンの黒人 Ofili が、マリアを黒人女性として描くのは当然です。
そのことを批判するのは人種差別というべきでしょう。政治家であるジュ
リアーニはさすがにこの「本心」を語りませんでしたが、展示に反対する
白人男性が「センセーションの展示作品はお前の母さんにそっくりだ」と
大書したプラカードを掲げる報道写真があります。

　詳細は省きますが、「センセーション」に関わる騒動を理由としてニュー
ヨーク市側は美術館に対して立ち退きを請求します。これに対して美術館
側が仮の救済を求めて出訴したところ、ニューヨーク東部連邦地裁は美術
館側の主張をほぼ認めて、市側の立ち退き請求に対する暫定的差止命令を
出しました（Brooklyn Institute of Arts v. City of New York, 64 F. Supp. 2nd 184
(1999)）。「あいトリ」問題を考える上でも参考になるのは、次の判示です。

①展示内容が sick であることを理由とする公金支出の停止は観点による差別に当たる。②公費で運営されている美術館の展示について特定の観点の提示を理由として公金支出の停止が認められるためには、市側がそうせざるをえない正当な理由を示す必要がある。要するに、給付の場合だから市長に無制限の裁量権が認められるわけではなく、観点による差別の場合は、市側が「そうせざるをえない正当な理由」を示す責任があるということです。名古屋市が負担金訴訟で全面敗訴を繰り返しているのは、観点による差別をしておきながら「正当な理由」を示す努力を怠っているからです。それなのに上告理由書でも相変わらず、市長には事実上無制約の裁量権があるとの主張に固執しています。これはやはり、公金の無駄遣いではないでしょうか。

4. 表現の自由と「寛容な社会」

　「主要3作品は国民多数派に対するハラスメント」という名古屋市の言い分の当否を考えてみたいと思います。考察の便宜上、二つの問いを示します。問①鑑賞者に「不快感」を与える展示の禁止は、ヘイトスピーチの禁止と区別できるのか？問②「アウシュビッツの嘘」のように思想の自由市場に参入すべき価値のない言論をなぜ保護するのか？問①について「不自由展」実行委員の岡本有佳さんは、双方向の〈表現の伝達と交流の場〉が確保されてこそ「表現の自由」が守られていると考えるのであれば、「ヘイトスピーチや性暴力表現なども『表現の自由』だという主張は成り立たない」と論じています（参考文献①13-14頁）。この立場に立てば、問①は難問ではなくなります。「表現の自由」に含まれるか否かという観点から前者と後者の区別が可能だからです。この立場からすれば、名古屋市の「ハラスメント論」も成立しないということになるでしょう。

　私も名古屋市の「ハラスメント論」に賛同の余地はないと考えますが、問①に簡単な答えを出したくないという気持ちがあります。それは多分、私が若い頃に Aryeh Neier の『自分の敵を弁護する』（参考文献⑪）を読んで感銘を受けてしまったからだと思います。ナチス支配下のドイツに生まれたユダヤ人で2歳のときアメリカに亡命した Neier は、1977年の Skokie 事件の際、著名な人権団体であるアメリカ自由人権協会（ACLU）の執行役員でした。Skokie 事件とは、住民の約7割がユダヤ系でホロコースト生存者も数千人暮らすシカゴ郊外の Skokie 村において、アメリカ国家社会主義党（NSPA）が鉤十字の腕章をつけたナチ党の制服を着てデモ

行進をしようとしたため、村側が NSPA のデモ行進を事実上禁止する条例を作るなどして対抗した事件です。Neier が指揮する ACLU はデモ行進の自由を守るため、ナチ党かぶれの NSPA を支援しました。同書の冒頭で Neier は、「ユダヤ人がいつか再び、焼却炉への行進を強いられるとき、君は表現の自由を称えながら先頭を歩けばいい」といった内容の手紙を多数受け取ったと書いています。

Neier は決して、思想の自由市場で競争させれば、真理は虚偽に美徳は邪悪に勝つと楽観しているわけではありません。ナチ党に自由な言論を許せば、彼らが勢力を得るリスクがあることも認めています。ならばなぜ、ナチ党の表現の自由を保護すべきなのか。Neier はこう論じます。ユダヤ人は特有に脆弱な存在だから、私たちが生存するためには、ユダヤ人やその他の仲間と一緒に集会等を行い、正義を世界に訴える必要がある。もし権力が自由な言論を制約したら、私たちは生存できない。短期的に自由は敵のものとなるが、我々は自分を守るため、自由によって権力を制約しなければならない。「自分の敵を弁護することが自由の敵から自由社会を守る唯一の方法である」という Neier の言葉の背景には、表現の自由に対する楽観論ではなく、歴史的経験に基づく悲観論がありました。

Lee Bollinger の名著『寛容な社会』（参考文献⑩）は Skokie 事件が提起した問題をシリアスに受け止め、NSPA のデモ行進のように「過激主義者の表現 extremist speech」（以下「過激表現」と略す）を保護すべき理由の原理的考察を、換言すれば、問②への理論的応答を試みた著作と理解して、私は愛読しています。同書で Bollinger は Neier の議論を「塹壕アプローチ」と呼んでその意義と問題点を検討していますが、私が注目したいのは、過激表現の保護を正当化する表現の自由の基礎理論として Neier の議論には次の問題点があるとの指摘です。①ユダヤ人に固有の状況に基づく議論なので、ユダヤ人を超えて一般化することが難しい。②「性悪の多数派と無垢な少数派」や「強者と弱者」等の二項対立を前提にしているため、表現の自由は社会の亀裂を（修復するのではなく）深める役割を果たす。

過激表現の保護を正当化する表現の自由論として、Bollinger は「寛容な社会」論を提示します。私なりに整理すれば、過激表現を保護すべき理由は、その表現自体に何らかの価値があるからではなく、自分とは異なる思想・意見に対する極度の自己抑制を人々に求めることによって、敵対者に対する感情的コントロール能力を涵養し、社会全体の知的性格を高めることに役立つからである、というものです。インターネットや SNS の発

達により対面的コミュニケーションの役割が低下し、「友と敵」に分かれて「敵」を揶揄・侮辱・攻撃する言論空間（「論破」をもてはやす風潮など）が生まれつつある現在、Bollinger の「寛容な社会」なんて非現実的だと批判されれば、そのとおりだと思います。しかし、「寛容な社会」への到達は無理かもしれないけれど、そのような社会に一歩でも近づけたいと思わないのなら、過激表現を含めて表現の自由を優越的に保障することに何の意味があるのか。私はそう考えています。

利害・価値観を異にする人々が共生する社会（Liberal Democracy）に生きている以上、私たちの間で芸術作品に対する意見が異なるのは当然です。河村市長が主要 3 作品を嫌悪するのはもちろん自由です。しかし、自分と異なる思想・意見を前にして自己抑制をしない公権力行使は、社会全体の知的性格を劣化させるでしょう。私が許せないのは、そのように「反社会的な行為」を河村市長が公金を使って行っていることです。一方、私が問①をシリアスに受け止め、問②に対する理論的応答を模索すべきと考えるのは、Neier や Bollinger の問題提起は表現の自由の基礎理論としてのみならず、現代社会における芸術の自由の社会的価値を考える上でも重要だと考えているからです。

2022年 8 月に急逝された川岸令和さんの最初の公刊論文は、Skokie 事件を題材として Bollinger の「寛容な社会」論等を検討するものでした（参考文献③）。本格的なデビュー論文「表現の自由・寛容・リベラリズム」はその考察を深めたものです（参考文献④）。川岸さんはこれらの論文において、「寛容の制度化」という今日の私の講演と密接に関わる論点を既に示されています。川岸さんはその後、「表現の自由のジレンマ」という問題をシリアスに受け止め、熟議民主主義の構想や制度化といった問題に取り組みました。社会全体の知的性格を高めることが Liberal Democracy の維持・機能のために必要であり、そのために表現の自由や民主主義はどうあるべきか。研究テーマは変遷していますが、川岸さんの問題意識は見事に一貫していたと私は思います。

冒頭で申し上げたとおり、私はこれまで、表現の自由について研究を深めることなく過ごしてきました。しかし、「あいトリ」問題の「当事者」になったことを機縁として、川岸さんの思索の跡をたどりながら、私なりに表現の自由の問題を考えていきたいと思います。私たちが生きる社会の「健康」に関わる問題なのですから。

【後記】2023年5月3日の講演の際は、3．と4．の間に「『芸術と政治』をめぐる体験と思索」という節を立てて、私がイギリスの公立美術館・博物館（Tate Modern, Victoria & Albert Museum, Tate Liverpool, The International Slavery Museum, Manchester Art Gallery）で出会った作品や中垣克久氏の過去・現在の作品を写真で示して、河村市長や山本委員長の「芸術観」の問題性を具体的に明らかにしたが、本稿には写真を掲載するスペースがないので、この節を割愛した。行論の都合上、中垣氏の作品に対する名古屋市側の「暴論」を引用したので、その間違いを正すために同氏の作品を紹介できないのは本当に残念である。中垣克久彫刻庭園美術館（飛騨古川駅前）に行けば、同氏の素晴らしい作品を見ることができる。また、美ヶ原高原美術館には同氏の著名な作品「山上のソロ」が展示されている。同美術館のHPで検索すると、「山上のソロ」の写真を見ることができる。https://www.utsukushi-oam.jp/search/

【参考文献】

① 愛敬浩二「リバプール国際奴隷博物館で考えたこと」芸術批評誌 REAR 44号（2020年）

② 青山昌文『西洋芸術の歴史と理論』（放送大学教育振興会、2016年）

③ 川岸令和「アメリカにおける表現の自由——スコウキ事件と『寛容』」比較法研究52号（1990年）

④ 川岸令和「表現の自由・寛容・リベラリズム」早稲田政治経済学雑誌304＝305合併号（1991年）

⑤ 岡田温司『反戦と西洋美術』（ちくま新書、2023年）

⑥ 岡本有佳＝アライ＝ヒロユキ『あいちトリエンナーレ「展示中止」事件』（岩波書店、2019年）

⑦ 奥平康弘『憲法の想像力』（日本評論社、2003年）

⑧ 高階秀爾『近代絵画史（上）増補版』（中公新書、2017年）

⑨ 臺宏士・井澤宏明『「表現の不自由展」で何があったのか』（緑風出版、2022年）

⑩ Lee C. Bollinger, *The Tolerant Society* (Clarendon Press, 1986)

⑪ Aryeh Neier, *Defending My Enemy* (E.P. Dutton, 1979)

⑫ 名古屋市「あいちトリエンナーレ2019に係る本市の対応について」。本文で言及した公開質問状、控訴理由書、検証委員会報告書等もダウンロードできる（最終アクセス 2023年12月4日）。https://www.city.nagoya.jp/kurashi/category/11-11-1-18-0-0-0-0-0-0.html

（あいきょう・こうじ）

全国憲法研究会の活動記録　2023年

青井未帆（学習院大学）／菅谷麻衣（拓殖大学）

1．研究会の活動

(1) 概況

　2023年度の統一的な研究活動テーマは、「変動する国際社会と憲法」であり、春季研究集会では「総論」、秋季研究総会では「各論」をテーマに検討を行った。2023年5月3日には恒例の憲法記念講演会が開催された。2024年3月3日には憲法問題特別委員会の企画による公開シンポジウムが開催された。

(2) 春季研究集会

　春季研究集会が5月13日に対面とオンラインの併用によるハイフレックス方式で開催された（開催校：中京大学、開催校世話人：今井良幸会員、横尾日出雄会員）。報告者とテーマは下記の通りである。

（司会）大野友也（愛知大学）、小西葉子（高知大学）
- ・山田哲史（京都大学）「多元化するグローバル法秩序と憲法・立憲主義」
- ・小畑郁（名古屋大学・ゲスト）「日本憲法秩序と人権条約──〈人権条約の法〉への呼応という憲法戦略に向けて」
- ・齊藤正彰（北海道大学・ゲスト）「多層的立憲主義と平和主義」
- ・小川有希子（帝京大学）「規範形成過程のグローバル化と立憲主義」

(3) 秋季研究総会

　秋季研究総会が10月9日に対面にて開催された（開催校：立命館大学、開催校世話人：植松健一会員）。報告者とテーマは下記の通りである。

（司会）横内恵（亜細亜大学）、吉川智志（大阪大学）
- ・大久保規子（大阪大学）「環境立憲主義と国際的な環境・人権秩序の相互影響」
- ・金子匡良（法政大学）「憲法における『企業と人権』の位置づけ」
- ・菅原真（南山大学）「グローバル化の進展と重国籍──日本国憲法第22条第2項の『国籍離脱の自由』の新解釈」
- ・渕圭吾（神戸大学）「グローバル化の中の租税法律主義──憲法84条の意義についての一考察」

(4) 憲法記念講演会

　5月3日の憲法記念日に、対面にて下記の要領で開催された（開催校：東京大学、開催校世話人：小島慎司会員）。

（司会）山元一（慶應義塾大学）、田代亜紀（専修大学）
　講演1：西谷修（東京外国語大学名誉教授・ゲストスピーカー）「終末論的西洋と

21世紀の戦争」
講演 2 ：愛敬浩二（早稲田大学）「『表現の不自由展・その後』のその後」

(5)　第10回公開シンポジウム

憲法問題特別委員会企画の第10回公開シンポジウムが、2024年 3 月 3 日に「戦後安全保障政策の大転換と憲法 9 条」と題して対面とオンラインの併用によるハイフレックス方式で開催された（開催校：慶應義塾大学、開催校世話人：山元一会員）。内容は下記の通りである。

（司会）山元一（慶應義塾大学）、遠藤美奈（早稲田大学）
報告 1 ：青井未帆（学習院大学）「『安保政策の大転換』の意味を憲法から考える」
報告 2 ：伊藤真（弁護士・伊藤塾塾長）「安保法制違憲訴訟の現場からみる政治と司法の関係性」
報告 3 ：遠藤乾（東京大学）「今日のウクライナは明日の東アジアか——日本の安全保障を再検討する」

(6)　『憲法問題』34号の刊行

学会誌『憲法問題』34号が、日本評論社より2023年 5 月 3 日に刊行された。

2．事務報告

(1)　運営委員会

2023年度の運営委員会の主な議題は、下記の通りである。
（2021-2023期）第 7 回　 3 月22-27日　持ち回り審議
2022年度研究奨励賞選考結果の承認、「全国憲法研究会研究奨励賞規程」の改正の提議、2023年度運営委員選挙・選挙管理委員会の組織の承認、2023年度春季研究集会の開催形態の承認。

第 8 回　 5 月13日　中京大学
退会者11名の報告と入会者 7 名の承認、2023年度憲法記念講演会報告、『憲法問題』編集委員会報告、憲法問題特別委員会報告、2023年度研究奨励賞推薦委員会および選考委員会の報告、2022年度決算および2023年度予算の承認、2023年度会計監査の選任、2023年度秋季研究総会の開催日時の承認、2024年度憲法記念講演会の開催日時の承認、2024年度春季研究集会の開催日時の承認、2024年度企画立案委員の選任。

第 9 回　 6 月16-26日　持ち回り審議
2023年度秋季研究総会の報告者および司会者の承認、インボイス制度への対応の承認。

（2023-2025期）第 1 回　10月 9 日　立命館大学
退会者 3 名の報告と入会者 3 名の承認、新代表選出および新事務局長委嘱、運営委員選挙結果および推薦運営委員選出に関する報告、憲法問題特別委員会報告、事務局員交

代の報告、2024年度年間統一テーマおよび企画実行委員選出の承認、2023年度研究奨励賞選考結果の承認、2024年度研究奨励賞選考委員会および推薦委員会の組織に関する承認、2024年度憲法記念講演会の開催要領の承認、2024年度春季研究集会の開催要領の承認、「規約」改正に関する提議。

第2回　12月9日　東京大学
　退会者1名の報告と入会者2名の承認、憲法問題特別委員会報告、2024年度研究奨励賞推薦委員会に関する報告、2024年度企画実行に関する審議、2024年度秋季研究総会の開催要領の承認。

(2)　企画立案委員会・企画実行委員会

　10月までの企画立案委員は青井未帆（学習院大学）、斎藤一久（明治大学）、宍戸常寿（東京大学）であり、2023年度の統一テーマの企画立案にあたった。企画実行委員は運営委員から青井未帆（学習院大学）、斎藤一久（明治大学）、一般会員から菅原真（南山大学）、手塚崇聡（千葉大学）であり、統一テーマ「変動する国際社会と憲法」の下、企画実行・運営にあたった。

　10月からの企画立案委員は髙佐智美（青山学院大学）、南野森（九州大学）、横大道聡（慶應義塾大学）であり、2024年度の統一テーマの企画立案にあたった。企画実行委員は、運営委員から南野森（九州大学）、横大道聡（慶應義塾大学）、一般会員から田代亜紀（専修大学）、水林翔（流通経済大学）であり、統一テーマ「性の多様性と憲法学」の下、企画実行・運営にあたる。

(3)　『憲法問題』編集委員会

　学会誌『憲法問題』の発行所の変更に伴い、編集体制の見直しが行われた結果、2023年10月をもって『憲法問題』編集委員会（委員長・馬場里美（立正大学）、委員・橋爪英輔（常磐大学）、同・本庄未佳（岩手大学）、同・森口千弘（熊本学園大学））は廃止された。

(4)　憲法問題特別委員会

　憲法問題特別委員会の現在の構成は、植村勝慶（國學院大學・事務局長）、小川有希子（帝京大学）、奥野恒久（龍谷大学）、小澤隆一（東京慈恵会医科大学）、只野雅人（一橋大学）、徳永貴志（和光大学）、内藤光博（専修大学）、中川律（埼玉大学・事務局次長）、成澤孝人（信州大学・委員長）、本秀紀（名古屋大学）および山元一（慶應義塾大学）である（50音順）。

(5)　2023年度の入会者は12名であった。入会者の氏名と所属は、下記のとおりである（順不同）。

　佐藤寛稔（ノースアジア大学）、檜垣宏太（広島大学大学院）、黒澤修一郎（島根大学）、吉原秀（弁護士）、朱穎嬌（京都大学）、中山顕（愛知教育大学）、山下由里子（岩波書店）、吉岡万季（中央大学）、宇多鼓次朗（大阪大学大学院）、極山大樹（一橋大学

大学院）、竹下諄（大阪大学大学院）、春山習（亜細亜大学）

(6)　**会計報告**

　5月13日の事務総会において、野口建格会員（千葉大学）の監査を受けた2022年度決算および新予算案が承認された。

(7)　**事務局**

　10月までは、駒村圭吾代表（慶應義塾大学）の下、事務局長は江原勝行（早稲田大学）であった。事務局員は、足立治朗（神奈川大学、研究総会・記念講演会担当）、石塚壮太郎（日本大学、財務会計担当）、小池洋平（信州大学、IT・配信・広報担当）、菅谷麻衣（拓殖大学、議事録担当）、山本真敬（新潟大学、年会費・名簿担当）であった。

　10月以降は、石川健治代表（東京大学）の下、事務局長は青井未帆（学習院大学）である。事務局員は石塚壮太郎（日本大学、財務会計担当）に代わり小川有希子（帝京大学、財務会計担当）が就任し、小池洋平（信州大学、IT・配信・広報担当）に代わり上田宏和（創価大学、IT・配信・広報担当）が就任し、山本真敬（新潟大学、年会費・名簿担当）に代わり平良小百合（一橋大学、年会費・名簿担当）が就任した。

　2023年度の主な事務局行程は、下記のとおりであった。

2月28日	会報225号の発送
3月22-27日	第7回運営委員会（持ち回り審議）
3月30日	春季研究集会の予備研究会、事務局会議
4月12日	会報226号の発送
5月3日	憲法記念講演会
5月13日	春季研究集会、第8回運営委員会、事務総会
6月16-26日	第9回運営委員会（持ち回り審議）
9月8日	会報227号の発送
9月18日	秋季研究総会の予備研究会
10月9日	秋季研究総会、第1回運営委員会、事務総会
12月9日	第2回運営委員会
2024年3月3日	第10回公開シンポジウム

全国憲法研究会規約

1971年5月10日総会制定
1980年10月13日総会改正
2021年10月16日総会改正
2023年10月9日総会改正

（名称）
第1条　本会の名称は、「全国憲法研究会」とする。

（事務局の所在地）
第2条　本会の事務局は、第16条に基づき委嘱された事務局長の研究室に置く。
　　2　本会の事務局の所在地は、東京都豊島区目白1－5－1学習院大学専門職大学院
　　　法務研究科青井未帆研究室とする。
　　3　本会の事務局財務会計担当の所在地は、東京都八王子市大塚359帝京大学法学部
　　　小川有希子研究室とする。

（会の目的）
第3条　本会は、憲法を研究する専門家の集団であって、平和・民主・人権を基本原理
　　とする日本国憲法を護る立場に立って、学問的研究を行い、あわせて会員相互の協力
　　を促進することを目的とする。

（会の事業）
第4条　本会は、前条の目的を達成するため、次の各号に定める事業を行う。
　　一　定期的に研究会を開催する。
　　二　研究成果を公表する。
　　三　時宜に応じて意見を発表する。
　　四　前各号のほか、運営委員会において適当と認めた事業を行う。

（会員になる資格）
第5条　憲法を専攻する研究者又はこれに準ずる者であって、本会の目的に賛成する者
　　は、本会の会員となることができる。

（入会）
第6条　会員になろうとする者は、本会会員2名の推薦を得て、事務局を通じて入会を
　　申し込むものとする。
　　2　前項の入会申し込みは、運営委員会がこれを承認する。

（会員の種類）
第7条　本会の会員は、次の2種類とする。

一　専任会員　会員のうち、大学等の研究機関、学校、公的機関、企業、事務所等において、任期付であるか否かを問わず、常勤としての職を有し、定期的に得られる相当額の給与又は報酬を得ている者

二　非専任会員　会員のうち、大学院生、定年退職後の教員及びこれに準ずる者で、常勤としての職を有しないもの

（会費）

第8条　会員は、会費を毎年納入しなければならない。

2　会費は、次の各号に掲げるとおりとする。

一　専任会員　6,000円

二　非専任会員　4,500円

（退会）

第9条　会員は、事務局に退会の意思を通知することにより、いつでも退会することができる。退会については、事務局長が運営委員会で報告する。

2　会員が死亡し又は失踪宣告を受けたときは、退会したものとみなす。

（会員登録の抹消）

第10条　会員が次の各号のいずれかに該当するときは、運営委員会の議決を経て、本会会員としての登録を抹消することができる。この場合には、あらかじめ本人に通知するとともに、弁明の機会を与えるものとする。

一　督促にもかかわらず、2年以上会費を滞納したとき。

二　本会又は他の会員の名誉を傷つける行為があったとき。

三　学術研究会の会員としてふさわしくないと認められる事実があったとき。

（休会）

第11条　会員は、以下の理由により休会することができる。

一　国外への留学

二　妊娠、出産、育児、介護、病気療養その他休業を要する事情

三　その他一定期間国内における研究活動ができない事情として運営委員会が承認するもの

2　会員は、休会しようとするときは、その旨を事務局を通じて申し出るものとする。

3　休会については、運営委員会がこれを承認する。

4　休会期間は1年間とし、運営委員会において休会が承認された日の次の4月1日から翌年の3月31日までとする。ただし、運営委員会の承認により、休会期間を延長することができる。

5　休会する会員は、運営委員会によって承認された休会期間の会費納入が免除される。

6　休会する会員は、学会誌を受け取る権利を有しないほか、運営委員の選挙など、学会の運営に関する事項に関わることができない。

（個人情報の取扱い）

第12条　本会は、個人情報保護の重要性を認識し、会員の個人情報の取扱いにあたっては、関連法令を遵守し、適切な管理に努めるものとする。

　　2　個人情報の取扱いに関する事項は、別にこれを定める。

（事務総会）

第13条　本会の定期総会（事務総会）は、年1回とする。ただし、必要に応じてその都度臨時総会を開くことができる。

（運営委員会）

第14条　本会に運営委員会を置く。

　　2　運営委員会は、総会において選任する。

　　3　運営委員の選出方法は、別にこれを定める。

　　4　運営委員の任期は、2年とする。

（代表）

第15条　運営委員会に代表を置く。

　　2　代表は、運営委員会において互選する。

　　3　代表は、総会及び運営委員会を招集する。

（事務局長）

第16条　事務局長は、代表が運営委員会の同意を得て委嘱する。

　　2　運営委員でない者が事務局長に委嘱されたときは、運営委員になったものとする。

（事務局員の委嘱）

第17条　事務局長は、代表の承認を得て、運営委員である会員又は一般会員の中から事務局員若干名を委嘱する。

（会計）

第18条　本会の経費は、会費、聴講料、資料代、寄付金その他の収入をもって充てる。

　　2　本会の会計年度は、毎年4月1日から翌年3月31日までとする。

（予算）

第19条　本会の予算は、総会の議決により定める。

（決算）

第20条　本会の収支計算書は、毎会計年度終了後速やかに事務局が作成し、会計監査を受けたのち総会に提出し、承認を受けなければならない。

　　2　会計監査は、運営委員でない会員の中から、総会において選任する。

（規約の改正）

第21条　この規約の改正は、運営委員会が発議し、総会における出席会員の過半数の賛
　　成をもってこれを議決する。

附則

1　この規約は、1971年5月10日から施行する。

2　第8条に定める運営委員の選任は、1971年10月の総会において行う。

3　新たに定められた選出手続によって運営委員が選任されるまでの間、世話人会は、
　　その職務を引き続き行うものとする。

附則

この規約は、2023年10月9日から施行する。

CONSTITUTIONAL LAW REVIEW

VOLUME 35   MAY 2024

Japan Association for Studies of Constitutional Law

The Changing International Society and the Constitution

CONTENTS

憲法問題 35　2024

2024年5月3日　第1刷発行

編　者　　**全国憲法研究会**

発行所　　株式会社**日本評論社**

〒170-8474　東京都豊島区南大塚 3 -12-4
電話　編集　(03)3987-8592
営業　(03)3987-8621
https://www.nippyo.co.jp/

印刷所　　精文堂印刷株式会社

製本所　　井上製本所

ISBN978-4-535-04272-8